CONTRATAÇÃO PÚBLICA AUTÁRQUICA

CENTRO DE ESTUDOS DE DIREITO DO ORDENAMENTO, DO URBANISMO E DO AMBIENTE
FACULDADE DE DIREITO DA UNIVERSIDADE DE COIMBRA
INSPECÇÃO-GERAL DA ADMINISTRAÇÃO DO TERRITÓRIO

CONTRATAÇÃO PÚBLICA AUTÁRQUICA

CONTRATAÇÃO PÚBLICA AUTÁRQUICA

AUTOR
CEDOUA/FACULDADE DE DIREITO DE COIMBRA/IGAT

EDITOR
EDIÇÕES ALMEDINA, SA
Rua da Estrela, n.º 6
3000-161 Coimbra
Tel: 239 851 904
Fax: 239 851 901
www.almedina.net
editora@almedina.net

PRÉ-IMPRESSÃO • IMPRESSÃO • ACABAMENTO
G.C. GRÁFICA DE COIMBRA, LDA.
Palheira – Assafarge
3001-453 Coimbra
producao@graficadecoimbra.pt

Outubro, 2006

DEPÓSITO LEGAL
249306/06

Os dados e as opiniões inseridos na presente publicação
são da exclusiva responsabilidade do(s) seu(s) autor(es).

Toda a reprodução desta obra, por fotocópia ou outro qualquer processo,
sem prévia autorização escrita do Editor,
é ilícita e passível de procedimento judicial contra o infractor.

Relatório Final elaborado por um Grupo de Trabalho do Centro de Estudos de Direito do Ordenamento, do Urbanismo e do Ambiente (CEDOUA), integrado pelo Prof. Doutor Fernando Alves Correia, Prof. Doutor António Barbosa de Melo, Prof. Doutor Pedro Gonçalves, Mestre Ana Raquel G. Moniz e Mestre Dulce Lopes

NOTA PRÉVIA

A presente publicação corresponde ao *Relatório Final* elaborado por um *Grupo de Trabalho* constituído pelo Centro de Estudos de Direito do Ordenamento, do Urbanismo e do Ambiente (CEDOUA), sedeado na Faculdade de Direito da Universidade de Coimbra, no âmbito do Protocolo celebrado entre a Faculdade de Direito de Coimbra, através do CEDOUA, e a Inspecção Geral da Administração do Território (IGAT), em 1 de Julho de 2005, e que vigorou até 31 de Dezembro de 2005.

Corporiza aquele *Relatório Final* – em cumprimento, aliás, do clausulado do mencionado Protocolo – um *estudo de carácter científico* sobre as principais infracções em matéria de contratação pública autárquica praticadas pelos órgãos das autarquias locais, o qual inclui um levantamento sistemático das infracções mais frequentes constantes dos relatórios das acções inspectivas levadas a cabo pela IGAT aos órgãos do poder local, uma reflexão sobre as principais causas das ilegalidades no âmbito da contratação pública autárquica detectadas e uma indicação das medidas a adoptar, de natureza administrativa, legislativa ou outra, com vista a erradicar os vícios encontrados em sede de controlo de legalidade.

A capital importância das matérias versadas naquele trabalho, bem como o rigor e a profundidade com que o mesmo foi elaborado justificam plenamente a sua submissão ao juízo crítico do público. Decidiram, por isso, o CEDOUA e a IGAT dar à estampa o referido *Relatório Final*, com o título "*Contratação Pública Autárquica*", profundamente convencidos da sua enorme utilidade não só para os titulares dos órgãos da Administração Central e da Administração Local que lidam, diariamente, com as questões da contratação pública, mas também, em geral, para todos os estudiosos e aplicadores do direito dos contratos públicos.

Coimbra, Outubro de 2006

O Presidente do Conselho Directivo
do CEDOUA
Prof. Doutor FERNANDO ALVES CORREIA

O Inspector Geral da Administração
do Território
Dr. RAUL MELO SANTOS

NOTA EXPLICATIVA

O texto que se segue corresponde ao *Relatório Final* elaborado por um Grupo Trabalho constituído pelo Centro de Estudos de Direito do Ordenamento, do Urbanismo e do Ambiente (CEDOUA), sediado na Faculdade de Direito de Coimbra, no âmbito do Protocolo celebrado com a Inspecção-Geral da Administração do Território (IGAT), em 1 de Julho de 2005, e que vigorou até 31 de Dezembro de 2005.

O *Relatório* procura responder ao quadro de exigências e compromissos assumidos pelo CEDOUA no referido Protocolo, quer quanto à tarefa de ordenar e de sistematizar as variadas infracções detectadas em acções inspectivas e identificadas em relatórios da IGAT, quer quanto ao desenvolvimento de uma reflexão objectiva sobre aquelas infracções, quer, por fim, quanto à indicação de eventuais pistas e sugestões de medidas a implementar que possam limitar ou reduzir a incidência das infracções no âmbito da contratação pública das autarquias locais.

O *Relatório* vai dividido em cinco capítulos: no primeiro, procurou-se tecer algumas considerações gerais sobre a utilização do contrato na acção das autarquias locais; além do mais, o capítulo contempla uma breve sistematização, destinada a facilitar a compreensão do universo dos contratos autárquicos. No capítulo II, pretende-se contactar com alguns aspectos gerais da regulamentação da contratação pública, dando a ênfase devida às inovações aportadas pela Directivas comunitárias de 2004 (em vias de transposição para o direito português no quadro da elaboração de um *Código dos Contratos Públicos*). No capítulo III, expõem-se alguns dos princípios fundamentais em matéria de contratação pública. Assinalando a passagem da abordagem mais abstracta desses três primeiros capítulos para a resposta precisa às exigências do Protocolo, o capítulo IV ocupa-se da sistematização das infracções detectadas nos vários relatórios de inspecção da IGAT fornecidos ao Grupo de Trabalho. Por fim, o capítulo V, dedicado à exposição das reflexões sobre as infracções detectadas e à sugestão de algumas medidas a implementar.

CAPÍTULO I

Considerações Gerais

1. O contrato na acção das autarquias locais

As autarquias locais não fogem a uma tendência geral de crescente utilização dos instrumentos contratuais na vida das administrações públicas. Sem se chegar ao extremo de advogar a idoneidade da instituição contratual para figurar como *instrumento principal* da acção administrativa – com a instituição de um genérico *government by contract*[1] –, deve, contudo, reconhecer-se que o contrato se tem vindo a transformar num *instrumento de uso normal e frequente*, com potencial para receber aplicações novas, tanto no plano das relações jurídicas que se processam entre a Administração Pública e os administrados como no das que se desenvolvem no interior do sistema administrativo, entre entidades públicas ou até entre entidades públicas e organismos públicos com uma *subjectividade jurídica limitada*.

Neste contexto, afigura-se especialmente avisado ter presente que, em não poucos casos, a expansão do contrato é mais ideal – "ideológica" e, em certos sectores, desejada – do que real ou efectiva. Isto é sobretudo verdade no domínio particular dos *contratos sobre o exercício de poderes públicos* (que substituem ou que se combinam com actos administrativos): tratando-se, decerto, de uma figura com grande potencial, a verdade é que a sua aplicação na *praxis* administrativa parece pouco mais do que marginal, circunstância que, com grande probabilidade, poderá

---

[1] Conhecendo significados múltiplos, a fórmula tem sido sobretudo usada para indicar o sistema de governação e administração em que os Poderes Públicos (Governo, autarquias locais) pouco mais fazem do que desenvolver tarefas de gestão, de articulação e de "orquestração" dos variados organismos (particulares e *non profit*) que contratam e aos quais confiam a produção de bens públicos e a prestação de serviços ao público.

explicar-se pelo *peso* da clássica centralidade do acto administrativo. Além disso, também em muitos casos, a "ideia de contrato" e o tópico do consensualismo surgem para explicar relações que se pautam por um paradigma consensual, mas que não alcançam o patamar da juridicidade: é exactamente este o caso de alguns *acordos, negociações* e *protocolos* que, do mesmo modo que outras administrações públicas, as autarquias locais celebram sem intenção de assumirem direitos ou compromissos jurídicos; a ausência de *vinculação jurídica* exclui tais acordos da figura do contrato.

Tendo presentes as considerações anteriores, pode afirmar-se, sem risco de erro, que a parte claramente mais extensa e de maior significado da contratação autárquica continua a referir-se aos designados *contratos públicos* (ou de "compras públicas"), contratos que regulam as relações emergentes da aquisição, pelas autarquias, de bens e serviços aos operadores económicos, no mercado. Este género contratual é, de resto, o que tem sido objecto de uma atenção mais cuidada por parte do legislador – cumpre todavia desde já observar que a atenção legislativa se tem concentrado mais na regulamentação do processo que conduz ao contrato do que ao contrato propriamente dito (salvo, naturalmente, quanto ao contrato administrativo de empreitada de obras públicas, que, no direito português, esse, é objecto de uma regulamentação particularmente extensa e profunda).

No domínio de um estudo expressamente dirigido à elaboração de uma analítica da patologia dos contratos autárquicos, apresenta-se quase inevitável o caminho de fazer girar a exposição em torno da figura dos referidos contratos de compras públicas. A conjugação de factores de natureza estatística (volume da contratação autárquica) com outros de natureza normativa (regulamentação) explica que as situações irregulares se verifiquem com maior frequência e surjam mais nítidas nos contratos de compras públicas. Explica-se assim que o presente estudo se dedique, desde já, de forma mais desenvolvida e atenta aos tipos de contratos autárquicos mais frequentes e em que as situações irregulares parecem repetir-se em maior número. Mas, como se verificará imediatamente, outras figuras da contratação autárquica não serão aqui ignoradas.

2. Contratação autárquica

A enorme variedade de tipos contratuais que cumprem os requisitos necessários para integrarem a categoria da contratação autárquica recomenda claramente a realização de um trabalho de sistematização – em parte, esse é exactamente o objectivo do presente número; deve contudo dizer-se que a exposição a apresentar não se limita a uma operação básica de sistematização ou de categorização dos vários tipos contratuais: pretendeu-se ir um pouco além disso, e, concretamente, deixar algumas indicações complementares sobre cada tipo contratual referenciado, bem como sobre a regulamentação jurídica que se lhe aplica. Antes dessa tarefa, cuidaremos de efectuar uma delimitação subjectiva da contratação autárquica.

2.1. *Delimitação subjectiva*

Na categoria da contratação autárquica integram-se quaisquer contratos, qualquer que seja a respectiva natureza jurídica (contratos administrativos ou de direito privado), celebrados por *entidades adjudicantes que se movem no universo autárquico*.

Cumprem o requisito assinalado, movendo-se no universo autárquico, naturalmente, as próprias autarquias locais, os **municípios** e as **freguesias**. Já fora dos limites do conceito de autarquias locais, também cumprem o requisito as entidades que desenvolvem a sua acção no plano da realização de atribuições originariamente pertencentes a autarquias locais ou, num outro cenário, no plano da articulação e da cooperação entre autarquias locais.

Nestes termos, e para efeitos do presente estudo, a categoria contratação autárquica abrange os contratos celebrados pelas seguintes *entidades adjudicantes* (todas desenvolvendo a sua acção na esfera autárquica):

i) **Municípios e freguesias**;

ii) **Áreas metropolitanas** – cf. Lei n.º 10/2003, de 13 de Maio – e **comunidades intermunicipais de direito público** (comunidades intermunicipais de fins gerais e associações de municípios de fins específicos) – cf. Lei n.º 11/2003, de 13 de Maio; observe-se que a legislação que regula os contratos de compras públicas (cf. *infra*) é aplicável às ditas "entidades equiparadas a autarquias locais", sujeitas a tutela administrativa, requisito que as entidades referidas preenchem (cf. Artigo 1.º, n.º 2, da Lei n.º 27/96, de 1 de Agosto, sobre o regime jurídico da tutela administrativa).

iii) **Empresas municipais** e **intermunicipais**, em qualquer dos formatos previstos na Lei n.º 58/98, de 18 de Agosto (empresas públicas, de capitais públicos e de capitais maioritariamente públicos) – quanto à aplicação da legislação sobre contratos públicos a estas entidades, cf. *infra*.

iv) **Concessionárias de obras públicas e de serviços públicos autárquicos** – quanto à aplicação da legislação sobre contratos públicos a estas entidades, cf. *infra*.

v) Entidades de qualquer natureza jurídica e formato (sociedades comerciais, associações, fundações) que, na esfera autárquica, preencham os requisitos do conceito de **organismo de direito público**, pelo menos em relação aos contratos públicos[2].

Naturalmente, os contratos das entidades indicadas (em especial, nos três últimos grupos) não são todos objecto de regulamentação pública. De resto, no rigor dos conceitos, não é sequer legítimo considerar muitos deles contratos autárquicos, uma vez que, com excepção dos municípios e das freguesias, as entidades que os celebram não são *entidades autárquicas* nem, ao menos muitas delas, equiparadas a entidades autárquicas. Apesar de tudo isto, afigura-se pertinente a referência, neste âmbito, à actividade contratual de todas as entidades referidas, uma vez que, desde logo, a circunstância de elas se moverem em áreas de competência originariamente públicas (autárquicas) vem justificando a submissão de *alguns dos contratos* que celebram ao regime jurídico da contratação pública. Interessa, por isso, conhecer os cenários em que essas mesmas entidades celebram *contratos regulados por normas de direito público*.

---

[2] Sobre o conceito de *organismo de direito público*, cf. artigos 3.º, n.º 2, do Decreto--Lei n.º 59/99, de 2 de Março, 3.º do Decreto-Lei n.º 197/99, de 8 de Junho, 2.º-A do Decreto-Lei n.º 223/2001, de 9 de Agosto, na versão do Decreto-Lei 234/2004, de 15 de Dezembro. Ainda sobre o mesmo assunto, na bibliografia portuguesa, cf. CLÁUDIA VIANA, "Contratação pública e empresas públicas: direito nacional e direito comunitário", *Cadernos de Justiça Administrativa*, n.º 52, (2005), p. 8 e segs; PEDRO GONÇALVES, *Entidades Privadas com Poderes Públicos*, Coimbra, Almedina, 2005, pp. 250 e ss..

2.2. Sistematização

Com um objectivo ordenador, propõe-se uma distinção entre as várias categorias de contratos autárquicos, tomando em consideração um critério que atende ao conteúdo que o contrato acolhe.

2.2.1. Contratos públicos

Acolhendo as indicações normativas da legislação europeia, definem-se os contratos públicos como quaisquer contratos celebrados por *entidades adjudicantes*[3], tendo por objecto a "execução de obras, o fornecimento de produtos ou a prestação de serviços"[4] – trata-se, portanto, dos já acima referidos "contratos de compras públicas", por cujo intermédio as entidades adjudicantes se dirigem ao mercado, com o objectivo de adquirir os bens e os serviços de que carecem para viabilizar o seu funcionamento e o correcto desempenho das atribuições que lhes estão confiadas; para mais desenvolvimentos sobre estes contratos, cf. *infra*, cap. II.

2.2.2. Concessões

Diferentemente do que se verifica no cenário dos contratos públicos, as *concessões públicas* pressupõem a *transferência* ou *deslocação* para o contratante privado (concessionário) do exercício de *poderes de gestão e de exploração* próprios das autarquias locais: nas situações mais frequentes, estarão em causa poderes de gestão e de exploração de *serviços públicos*, de *obras públicas* ou de *bens do domínio público* – nas três situações, trata-se de *concessões com objecto público* que

---

[3] No *universo autárquico, entidades adjudicantes* são, *em todos os casos*, as próprias autarquias locais, as áreas metropolitanas e as comunidades intermunicipais de direito público e, *em certos casos*, as empresas públicas e os organismos de direito público que se movem naquele universo.

[4] Cf. artigo 1.º, n.º 2, alínea *a)*, da *Directiva 2004/18/CE do Parlamento Europeu e do Conselho, de 31 de Março de 2004, relativa à coordenação dos processos de adjudicação dos contratos de empreitada de obras públicas, dos contratos públicos de fornecimento e dos contratos públicos de serviços* – JOUE L 134/114, de 30/04/2004.

visam enquadrar a *colaboração* de entidades particulares na execução de missões autárquicas; em rigor, a entidade autárquica que atribui uma concessão ainda se comporta como uma organização que se dirige ao mercado para adquirir um serviço[5]. Com os contornos propostos, o grupo das concessões corresponde, por conseguinte, ao fenómeno – hoje largamente divulgado, nos plano nacional e internacional – das *parcerias público-privadas contratuais*[6]: fórmula que se aplica a um processo contratual que pressupõe a *transferência de direitos* de exploração e, por consequência, a *transferência de riscos* inerentes à própria exploração.

Neste sentido, importa observar o seguinte:

i) Pelo facto de terem um *objecto público* (serviço, obra pública ou bem), as concessões aqui incluídas não incluem as designadas *concessões de exclusivos*, pelo menos na medida em que este conceito se aplica aos contratos por cujo intermédio se atribuem a entidades particulares direitos de fruição exclusiva de bens do domínio privado municipal (*v.g.*, exploração de um restaurante aberto ao público num edifício municipal)[7]; a *concessão de exclusivos* encontra-se regulada no capítulo IV (artigos 10.º a 14.º) do Decreto-lei n.º 390/82, de 17 de Setembro;

ii) Na medida em que enquadram uma *relação de colaboração*, o grupo das concessões (onde cabem as que têm por objecto a *exploração* ou *gestão* de bens do domínio público) não integra os contratos de *concessão de utilização privativa do domínio público*, que conferem ao contratante particular o direito exclusivo de *utilização* de um bem do domínio público local; um tal contrato visa disciplinar a constituição de uma situação jurídica favorável para a entidade particular, revelando-se nele um componente primacialmente atributivo e não já o interesse de organizar ou regular uma situação de colaboração privada na execução de uma missão pública –- o facto de não partilharem a lógica das

---

[5] Exactamente por isso, já se observou que, por ex., a concessão de serviços públicos se inclui na categoria genérica dos contratos de prestação de serviços; cf. J. M. Sérvulo Correia, *Legalidade e Autonomia Contratual nos Contratos Administrativos*, Coimbra, Almedina, 1987, p. 417; Pedro Gonçalves, *A Concessão de Serviços Públicos*, Coimbra, Almedina, 1999, p. 160.

[6] Além destas, cumpre referir também as *parcerias público-privadas institucionais* (constituição de empresas mistas, com participação pública e privada).

Considerações Gerais 17

parcerias público-privadas explica a remissão destes tipos contratuais para o grupo dos *contratos relativos ao património*.

Sobre a regulamentação das concessões das autarquias locais, cf., *infra*, Capítulo II.

2.2.3. Contratos de pessoal e de prestação de serviços

Outra aplicação da figura do contrato na vida das autarquias locais tem lugar nos domínios do recrutamento de trabalhadores, em regime de subordinação jurídica (*contratos de pessoal*) ou em regime de prestação de serviços (*contratos de tarefa e de avença*).

Ao cenário dos contratos de pessoal (que dão origem a uma *relação de emprego* entre o indivíduo contratado e a entidade autárquica) pertencem: *a)* os *contratos administrativos de provimento* – cf. artigo 15.º do Decreto-Lei n.º 427/89, aplicável à administração local por força do Decreto-Lei n.º 409/91, de 17 de Outubro (alterado pela Lei n.º 6/92, de 29 de Abril) –, os quais conferem ao particular contratado a qualidade de agente administrativo; *b)* os *contratos individuais de trabalho*, que as autarquias locais podem celebrar, nos termos do artigo 1.º, n.º 5, da Lei n.º 23/2004, de 22 de Junho[8].

Fora da noção de contrato de pessoal, encontram-se os "contratos de prestação de serviços" que se caracterizam pelo facto de não engendrarem a subordinação jurídica do particular contratante – o qual não fica sujeito à disciplina ou à hierarquia, nem tem de cumprir um horário de trabalho[9]. Ao tipo contratual de prestação de serviços pertencem duas categorias: o *contrato de tarefa*, que tem por objecto a execução de trabalhos específicos, sem subordinação hierárquica, não podendo exce-

---

[7] Sobre a *concessão de exclusivos*, cf. PEDRO GONÇALVES, *A Concessão*, cit., p. 56[33].

[8] A Lei n.º 23/2004 (regime jurídico do contrato individual de trabalho na Administração Pública) não se aplica na íntegra aos contratos individuais de trabalho nas autarquias locais – sobre a questão, cf. M. ROSÁRIO PALMA RAMALHO/P. MADEIRA DE BRITO, *Contrato de Trabalho na Administração Pública*, Coimbra, Almedina, 2004, p. 12.

[9] Nos termos do artigo 1154.º do Código Civil, "contrato de prestação de serviços é aquele em que uma das partes se obriga a proporcionar à outra certo resultado do seu trabalho intelectual ou manual, com ou sem retribuição".

der o tempo do prazo contratualmente previsto, e o *contrato de avença*, que tem por objecto prestações sucessivas no exercício de profissão liberal.

A legislação é particularmente restritiva quanto à possibilidade de utilização dos contratos de prestação de serviços pelas autarquias locais. De facto, a celebração de tais contratos: *i)* encontra-se sujeita ao regime previsto na lei geral quanto a despesas públicas em matéria de aquisição de serviços (Decreto-Lei n.º 197/99, de 8 de Junho); *ii)* assume um carácter marcadamente excepcional, posto que apenas é lícito celebrá-los quando as autarquias não disponham de funcionários com qualificações adequadas ao exercício das funções objecto dos contratos – cf. artigo 7.º do Decreto-Lei n.º 409/91, de 17 de Outubro.

2.2.4. Contratos relativos a património

A figura *contratos relativos a património* abrange todos os tipos contratuais que têm por objecto coisas, móveis ou imóveis, e direitos a elas relativos (que podem incidir sobre uma coisa ou que conferem ao respectivo titular um poder de agir sobre uma coisa, *v. g.*, poder de a usar).

No grupo em referência incluem-se os contratos através dos quais as autarquias locais procedem à aquisição, à alienação e à oneração de *bens imóveis* – contendo as regras aplicáveis ao procedimento de formação desta categoria de contratos, cf. artigos 53.º, n.º 2, alínea *i)*, e 64.º, n.ºs 1, alíneas *f)* e *g)*, e 9 da Lei n.º 169/99, de 11 de Janeiro[10].

Também se integram aqui os contratos de aquisição, locação e alienação de *bens móveis* das autarquias locais – aplicável em primeira linha aos dois primeiros tipos ("compras públicas"), o Decreto-Lei n.º 197/99 também regula os procedimentos de venda de bens móveis.

O regime que disciplina os contratos que atribuem a particulares *poderes de utilização* de bens integrados no *domínio privado autárquico* é o que se encontra estabelecido nos artigos 10.º e seguintes do Decreto-Lei n.º 390/82, de 17 de Setembro, a propósito das *concessões de exclusivos*.

---

[10] Com as alterações introduzidas pela Lei n.º 5-A/2002, de 11 de Janeiro.

Considerações Gerais

Relativos a património são, por fim, os *contratos de concessão de utilização privativa* e os *de exploração ou gestão de domínio público autárquico*[11].

Em relação às concessões de utilização privativa do domínio público autárquico, não há regras específicas; neste âmbito, aplica-se, por conseguinte, a disciplina genérica prevista nos artigos 178.º e seguintes do *Código do Procedimento Administrativo* (*CPA*), bem como os princípios gerais do direito administrativo – a *capacidade de conceder*, neste cenário, é inerente ao direito de propriedade pública.

Finalmente, as concessões de exploração ou gestão do domínio público autárquico, embora envolvam poderes sobre coisas, classificam-se no grupo das concessões, uma vez que o que nelas está em jogo é, em primeira linha, a atribuição à entidade concessionária do *poder de desenvolver uma actividade pública*.

2.2.5. Contratos fundacionais ou associativos

Designam-se contratos fundacionais ou associativos os acordos entre dois ou mais sujeitos de direito dirigidos à constituição de novas entidades jurídicas, *v.g.*, contratos de sociedade, de criação de empresas de capitais públicos ou maioritariamente públicos ou de associações de municípios. A regulamentação jurídica aplicável a estes tipos contratuais – aqui classificados como autárquicos, na medida em que uma das partes seja uma autarquia local – não se apresenta uniforme; ela depende, desde logo, da natureza da entidade a criar. Todavia, há algumas regras de aplicação comum, como são as que prescrevem, em todos os casos, a intervenção da assembleia municipal a "autorizar o município" a criar novas entidades ou a aderir a entidades já existentes – cf. artigo 53.º, n.º 2, alíneas *l*) e *m*), da Lei n.º 169/99, de 11 de Janeiro. Neste contexto, um tema que reclama referência é o que se relaciona com o *procedimento de escolha de sócios privados*. Apesar de a lei ignorar o assunto, afigura-se nítido que, como *princípio geral*, se deve entender que os sócios privados devem ser escolhidos de forma procedimentalizada e, em particular, através de

---

[11] Sobre estes tipos contratuais, cf. ANA RAQUEL GONÇALVES MONIZ, *O Domínio Público (O Critério e o Regime Jurídico da Dominalidade)*, Coimbra, Almedina, 2005, p. 444 e ss.

20 Contratação Pública Autárquica

procedimentos públicos e transparentes (concurso público, ao menos como regra)[12].

2.2.6. Contratos celebrados na esfera dos poderes públicos autárquicos

Outro universo contratual, que aqui merece uma referência breve, é o dos contratos ou convénios celebrados no exercício de poderes públicos ou que, de qualquer modo, se apresentam articulados – em termos procedimentais ou outros – com o exercício de poderes públicos de autoridade[13]. Nos dois cenários, a figura contratual, que pressupõe *consenso*, ingressa no território da *autoridade*, e apresenta-se como instrumento de regulação pública ("regulação pela negociação": *reg-neg*) no âmbito de um sistema que, *em certa medida*, promove a primado das soluções negociadas sobre as soluções impostas ("negotiate, don't dictate").

A categoria abrange *(i) os contratos (decisórios),* que substituem actos administrativos, *(ii) os contratos (obrigacionais) através dos quais uma autarquia local assume o dever de praticar ou de não praticar um acto administrativo com um certo conteúdo* e *(iii)* os *contratos (obrigacionais) através dos quais um particular se compromete a cumprir as condições que conduziram a autarquia local a praticar um acto administrativo com um certo conteúdo*[14]. Neste campo, o contrato pode, por conseguinte, surgir em *alternativa* ao acto administrativo ou *combinado* com esta forma unilateral do agir público.

A celebração de contratos na esfera de poderes públicos autárquicos, possível em face do disposto no artigo 179.º, n.º 1, do *CPA*, exige a

---

[12] Sobre o tema da escolha de sócios no domínio da constituição de empresas de capitais maioritariamente públicos, cf. J. PACHECO DE AMORIM, *As Empresas Públicas no Direito Português,* Coimbra, Almedina, 2000, pp. 21 e ss. e 77 e ss.; J. COUTINHO DE ABREU, "Sobre as novas empresas públicas", *Boletim da Faculdade de Direito da Universidade de Coimbra (Volume Comemorativo)*, Coimbra, 2003, p. 569; PEDRO GONÇALVES, *Entidades Privadas*, cit., p. 408.

[13] Na última hipótese, o contrato surge *combinado* com o acto administrativo; cf. PEDRO GONÇALVES, *O Contrato Administrativo (Uma Instituição do Direito Administrativo do Nosso Tempo)*, Coimbra, Almedina, 2003, pp. 44 e ss., e 76.

[14] Este último tipo contratual não tem por objecto o exercício de um poder público de autoridade pela Administração; contudo, afigura-se óbvia a sua articulação com os poderes públicos da Administração e, em concreto, com a direcção ou sentido em que ela os exerce.

Considerações Gerais

observância de rigorosos pressupostos e condições que, de modos varia-dos, limitam a liberdade de contratação e, sobretudo, a conformação do respectivo conteúdo.

Na esfera da acção autárquica, o planeamento e, sobretudo, a gestão urbanística são as áreas especialmente propensas à celebração de contra-tos sobre poderes públicos[15]. Uma ilustração da figura pode ver-se no artigo 25.º do *RJUE*[16], que, sobre a reapreciação de pedido de licencia-mento, prevê que a administração autárquica opte pelo deferimento quan-do – existindo fundamento legal para indeferir –, na audiência prévia, o requerente se comprometa a realizar determinados trabalhos e assumir certos encargos. A assunção desse compromisso é, após a decisão de deferimento e antes da emissão de alvará, formalizada num contrato (de urbanização).

2.2.7. Contratos inter-administrativos

Uma área muito relevante da contratação autárquica é ocupada pelos contratos de cooperação e de coordenação, celebrados entre instân-cias públicas. A este grupo pertencem, desde logo, os contratos entre as autarquias locais e o Estado, quer os que regulam a dita "transferência de competências não universais", quer os que disciplinam "intervenções em regime de parceria" (cf. artigos 6.º e 8.º da Lei n.º 159/99, de 14 de Setembro). Do mesmo modo, integram a categoria os designados *proto-colos de delegação de competências municipais nas freguesias* (cf. artigos 15.º da Lei n.º 159/99 e 37.º e 66.º da Lei n.º 169/99).

---

[15] Cf. FERNANDA PAULA OLIVEIRA/DULCE LOPES, "O papel dos privados no planeamento: que formas de intervenção?", *Revista Jurídica do Urbanismo e do Ambiente*, n.º 20, (2003), p. 43 e segs, especial. p. 70 e segs; J. TEIXEIRA FREIRE, "A contratualização do conteúdo do plano urbanístico – reflexões em torno dos chamados acordos de planeamento entre os municípios e os particulares", *Revista da Faculdade de Direito da Universidade de Lisboa*, Vol. XLV, (2004), p. 423 e ss.

[16] *Regime Jurídico da Urbanização e Edificação* – Decreto-Lei n.º 555/99, de 16 de Dezembro, alterado pelo Decreto-Lei n.º 177/2001, de 4 de Junho.

2.2.8. Outros tipos contratuais

A contratação das autarquias locais não se encontra confinada aos tipos contratuais com que contactámos nas linhas anteriores. No exercício de uma *capacidade contratual genérica*, de direito privado e de direito administrativo (neste último caso, nos termos do artigo 179.º, n.º 1, do *CPA*), as autarquias locais estão formalmente autorizadas a celebrar contratos de qualquer natureza, desde que não exorbitam das suas atribuições. Além deste, outros limites, extensos e de vária ordem, devem considerar-se: trata-se, em geral, de limites relacionados com a estipulação dos conteúdos contratuais; observe-se, a propósito, que há casos em que a inadmissibilidade do conteúdo impõe a impossibilidade do contrato (sempre que aquela é ditada pela ausência de uma necessária habilitação legal específica para contratar).

Entre outros, a esta categoria residual pertencem os *contratos de doação*, os *contratos de mútuo*, os *contratos de urbanização* [cf. artigos 55.º do RJUE, 122.º, n.º 2, e 123.º, n.º 2, alínea *a*) do *RJIGT*[17]], o *acordo sobre pagamento dos custos de urbanização* (artigo 142.º, n.º 2, do RJIGT), bem como os designados *protocolos de colaboração com entidades terceiras* (cf. artigo 67.º da Lei n.º 169/99)[18].

---

[17] *Regime Jurídico dos Instrumentos de Gestão Territorial* – Decreto-lei n.º 380/99, de 22 de Setembro, alterado pelo Decreto-Lei n.º 310/2003, de 10 de Dezembro.

[18] A despeito da designação legal – *protocolos* de colaboração –, cremos que, na maioria dos casos, se tratará mesmo de contratos (não de meros acordos informais).

CAPÍTULO II

Regulamentação dos Contratos Públicos e das Concessões Autárquicas

Tendo presente a bifurcação, de origem comunitária, entre contratos públicos e concessões, procura-se, neste capítulo, conhecer e contactar com a regulamentação aplicável a cada um dessas constelações de contratos autárquicos.

1. Contratos públicos

Recordando a noção de "contrato público" – contrato celebrado por uma entidade adjudicante que tenha por objecto a execução de obras, o fornecimento de produtos ou a prestação de serviços –, pretende-se conhecer o âmbito e o alcance da regulamentação jurídica especialmente dedicada a esta categoria particular de contratação autárquica.

A enorme relevância económica das compras públicas e o facto de os contratos públicos pressuporem a escolha de um contratante são a explicação imediata para a clássica regulamentação legislativa dos métodos de escolha de contratantes. Trata-se, em geral, de regras fundamentalmente dispostas com o objectivo de impor, neste âmbito e de forma concretizada, a observância de princípios gerais da acção pública administrativa:

Uma nota que importa registar, desde já, é a de que a regulamentação legislativa desta categoria de contratos está separada por dois regimes jurídicos: um *regime geral*, aplicável *em princípio* a todos os contratos públicos, e um *regime especial*, aplicável aos contratos celebrados nos "sectores especiais" (água, energia, transportes e telecomunicações).

Por outro lado, interessa também observar que, salvo situações pontuais, deixou de existir uma regulamentação específica para os contratos públicos das autarquias locais: na verdade, o Decreto-Lei n.º 390/82, de 17 de Setembro – que regulava, além das concessões, os contratos de empreitada de obras públicas e de fornecimento de bens e serviços às autarquias locais – encontra-se revogado em tudo o que se não se refira a *concessões* (artigos 10.º a 14.º).

Recordando uma ideia a que já se aludiu, deve notar-se que a regulamentação dirigida à actividade pública contratual se ocupa, primordialmente, dos procedimentos de escolha de contratantes (*procedimentos pré-contratuais*). Só não é assim no caso dos *contratos de empreitada de obras públicas*, os quais, como se sabe, são objecto de uma regulamentação legal que se estende à execução da empreitada e aos mecanismos de resolução do contrato.

Por fim, ainda sobre os contratos públicos, importa ter em consideração que, no que se refere ao tema da natureza jurídica, eles se ordenam no âmbito do direito administrativo ou no do direito privado de acordo com as indicações legais ou, na falta destas, consoante sejam ou não objecto de uma regulamentação específica, imposta pela situação de um dos outorgantes, enquanto membro da Administração Pública.

1.1. *Capacidade de contratar*

A capacidade para a celebração de contratos públicos – empreitadas, fornecimentos e serviços – é inerente à própria personalidade jurídica; em *termos formais*, a celebração de tais contratos apresenta-se, pois, como uma *faculdade geral* das autarquias locais. Poderá, contudo, suceder que elas se encontrem juridicamente impedidas de celebrar um contrato determinado pelo facto de o objecto contratual se localizar fora do quadro legal das *atribuições autárquicas* (assim, por exemplo, os municípios não dispõem de capacidade para a celebração de um contrato de empreitada destinado à construção de uma estação emissora de televisão ou de um contrato para a prestação de serviços de certificação de equipamentos industriais[19]).

---

[19] O perímetro das *atribuições* e da *capacidade de intervenção* das autarquias locais delimita-se tendo em consideração, por um lado, as atribuições confiadas a outras entidades

1.2. Decisão de contratar

Tendo em vista apenas a situação dos municípios, a lei entrega ao presidente da câmara municipal a competência para promover a execução de obras por empreitada, bem como para proceder à aquisição de bens e serviços. Além disso, cabe ainda àquele órgão a outorga de tais contratos, em representação do município – cf. artigo 68.º, n.º 2, alíneas *f)* e *j)*, da Lei n.º 169/99.

Com um alcance diferente do da decisão de contratar é a decisão de autorização de despesas, que, até certo montante, cabe ao presidente da câmara municipal (e aos conselhos de administração dos serviços municipalizados) e, acima desse montante, às câmaras municipais – cf. artigos 18.º e 29.º do Decreto-Lei n.º 197/99.

1.3. Procedimento pré-contratual

Já acima se observou que a regulamentação legal dos procedimentos pré-contratuais se reparte por dois regimes: por um lado, os Decretos-Leis n.ºs 59/99 e 197/99, em relação à generalidade dos contratos públicos, e, por outro, o Decreto-Lei n.º 223/2001, de 9 de Agosto[20], quanto aos contratos públicos nos sectores da água, da energia, dos transportes e das telecomunicações.

Também já se esclareceu que a disciplina destes procedimentos se aplica não só aos municípios e às freguesias, mas também a outras *entidades adjudicantes que se movem no universo autárquico* (áreas metropolitanas, comunidades intermunicipais, empresas públicas, organismos de direito público, empresas concessionárias de serviços públicos municipais[21]) – a extensão e as condições de aplicação de tais procedi-

---

públicas (desde logo, ao Estado) e, por outro lado, as actividades privadas, do sector privado – o primeiro tipo de delimitação, que opera *no interior do sector público*, é efectuado pela Lei n.º 159/99, de 14 de Setembro; a possibilidade de intervenção das autarquias locais no desenvolvimento de actividades do sector privado não se encontra regulada por lei, embora se deva reconhecer que há *limites* à intervenção autárquica no sector privado.

[20] Alterado pelo Decreto-Lei n.º 234/2004, de 15 de Dezembro.

[21] Uma referência especial neste domínio é devida ao regime das *sociedades de reabilitação urbana*: o Decreto-Lei n.º 104/2004, de 7 de Maio, autoriza essas entidades a

mentos apresentam-se variáveis, mas, em geral, pode falar-se de um *princípio geral de aplicação dos procedimentos públicos aos contratos celebrados por todas as entidades adjudicantes que se movem no universo autárquico.*

Ainda em matéria de aplicação dos procedimentos de direito público à formação de contratos públicos autárquicos cumpre chamar a atenção para a jurisprudência do Tribunal de Justiça das Comunidades Europeias, sobre a delimitação do âmbito da designada contratação *in house*[22].

Em conformidade com uma regra de compreensão óbvia, as *entidades adjudicantes* de contratos públicos (*v. g.*, municípios) não estão obrigadas a seguir os procedimentos legais nos casos de adjudicação de contratos a *estruturas de gestão interna*, inseridas na organização das entidades adjudicantes[23]. A *ratio* de uma tal regra encontra-se no facto de, ao entregar um contrato a uma sua estrutura de gestão (estrutura interna), a entidade adjudicante não se dirige ao mercado (contratando com *terceiro*), uma vez que lança mão apenas dos seus recursos próprios. Exactamente por isso, afigura-se destituído de sentido convocar a aplicação de regras e procedimentos que pretendem disciplinar os termos em que as entidades adjudicantes recorrem ao mercado[24].

Sem questionar o que acaba de se referir, o Tribunal de Justiça tem tomado decisões com um cunho marcadamente restritivo quanto ao âmbito do conceito de *estruturas de gestão interna* – desde logo, no Acórdão *Teckal*[25], no qual se decidiu que o direito comunitário da contratação pública não é aplicável na hipótese de, *simultaneamente*, a entidade adjudicante exercer sobre a estrutura contratada um *controlo análogo* ao que exerce sobre os seus serviços e de essa estrutura realizar *o essencial da sua actividade* para a entidade adjudicante; na mesma

---

contratar a prestação de serviços para a elaboração do documento estratégico (*podendo abrir concurso para o efeito*) e define as condições de celebração do designado *contrato de reabilitação urbana* (contrato entre as sociedades e o parceiro privado por elas escolhido no âmbito de um procedimento de concurso público); sobre o conteúdo desse contrato, cf. o artigo 34.º do citado diploma legal.

[22] Cf. PEDRO GONÇALVES, *Entidades Privadas*, cit., p. 408 e ss.

[23] O fenómeno de *in house providing* mantém, por isso mesmo, conexões muito estreitas (também) com as figuras dos designados "contratos internos".

[24] Na prática, a imposição da aplicação dos referidos procedimentos, mesmo nesse caso, equivaleria quase a *impor* o recurso ao mercado como solução única, afastando a "administração directa" ou "interna".

[25] De 18/11/99 (proc. C-107/98).

linha, mais recentemente, o Acórdão *Stadt Halle*[26], o Tribunal não reconduziu ao fenómeno de *in house providing* (com a consequente desaplicação de regras de direito comunitário) a adjudicação de um contrato por uma entidade adjudicante a uma *sociedade mista* participada pela própria entidade adjudicante e, em posição minoritária, por empresas privadas (no caso, a participação privada correspondia a 24,9% do capital social)[27].

Tendo em consideração a conhecida expansão, ao nível autárquico, dos fenómenos de *empresarialização* e das *parcerias público-privadas*, ter presentes os limites da contratação *in house* afigura-se essencial para as autarquias locais; não é por acaso que as decisões judiciais referenciadas se referem, todas, a estruturas que se movem no universo autárquico.

1.4. *Celebração, execução e extinção dos contratos*

As formalidades que rodeiam a fase de celebração dos contratos públicos (aprovação de minutas, prestação de cauções, outorga e forma do contrato) estão previstas, em termos gerais, na legislação da contratação pública. Salvo quanto às empreitadas de obras públicas, o mesmo já não se pode dizer a respeito da execução e extinção de contratos. Com efeito, a regulação da execução e da extinção aos contratos de fornecimentos e de serviços cabe, em princípio, ao próprio instrumento contratual e, com ele articulado, aos princípios e regras gerais da contratação, de direito privado ou de direito administrativo (consoante a natureza jurídica do contrato).

1.5. *Contencioso contratual*

Dado não existirem quaisquer disposições específicas sobre o contencioso dos contratos públicos das autarquias locais, aplicam-se, nesta matéria, as regras gerais do *Código do Processo nos Tribunais Admi-*

---

[26] De 11/01/2005 (proc. C-2603).

[27] Confirmando essa jurisprudência, cf. Acórdão *Coname*, de 21/072005 (proc. C-231/03).

nistrativos (CPTA), quer quanto à reacção contra actos pré-contratuais[28], quer quanto aos litígios contratuais propriamente ditos, quer, por fim, quanto aos litígios entre o contratante privado e os terceiros[29]. Observe-se que, ainda nos termos do *CPTA*, as partes podem submeter a resolução de litígios contratuais a *tribunais arbitrais*.

2. Concessões autárquicas

Dedica-se este número ao contacto com o segundo grupo de contratos autárquicos que entendemos analisar com algum desenvolvimento: os contratos de concessão. Sabendo que, ao nível autárquico, a quantidade de contratos de concessão é infinitamente menor do que a de contratos públicos[30], não resistimos, ainda assim, a articular, num texto curto, algumas notas sobre tais espécies contratuais. Fazemo-lo, em primeiro lugar, porque temos a convicção de que a quantidade de contratos de concessão vai crescer, também ao nível das autarquias locais; esta já seria uma boa razão para um estudo mais atento das concessões, mas para este resultado também contribui o facto de se nos afigurar útil enfatizar o relevo e a natureza particular das implicações jurídicas e organizativas associadas aos contratos de concessão (relevo e implicações com um impacto ausente nos contratos públicos).

---

[28] Neste domínio, cf., em especial, o regime legal do processo urgente de contencioso pré-contratual, regulado no artigo 100.º e seguintes do *CPTA*, e aplicável aos contratos públicos; sobre esse processo, cf. PEDRO GONÇALVES, "Contencioso administrativo pré-contratual", *Cadernos de Justiça Administrativa*, n.º 44, (2004), pp. 3-11.

[29] Certos litígios entre o contratante da Administração e terceiros podem ser apreciados e resolvidos pelos tribunais administrativos; cf. artigos 37.º, n.º 3, e 40.º, n.º 2, alíneas *b)*, *d)* e *e)*, do CPTA.

[30] Realidade plenamente atestada pelos relatórios da IGAT que nos foram dados analisar, a partir dos quais é possível concluir que a concessão ocupa o lugar de figura pouco mais do que marginal na vida contratual das autarquias locais.

2.1. Delimitação do âmbito; concessões e parcerias público-privadas

Já acima se observou que a bifurcação de génese comunitária entre concessões e contratos públicos conduz a integrar naquele primeiro grupo apenas as concessões *(i)* com um *objecto público (ii)* que visam enquadrar a *colaboração* de particulares no desempenho de missões públicas[31].

Assim recortado, o conceito de concessão abrange fundamentalmente as concessões de *serviços públicos*, de *obras públicas* e de *exploração do domínio público*. Por outro lado, uma vez que se caracterizam como instrumentos que operam a transferência de poderes de gestão e de exploração próprios de entidades públicas, as concessões acabam, na prática, por preencher as características que a literatura e legislação atribuem à noção de *parceria público-privada contratual*[32].

Razões de variada ordem explicam a importância actual do fenómeno das *parcerias público-privadas* (PPP) – entre elas se contam uma ideologia especialmente favorável à cooperação entre actores públicos e privados e, neste contexto, à mobilização do potencial privado de experiência e de criatividade ou à activação da especial capacidade dos actores privados para a resolução de problemas; a estes factores, de matiz mais ideológico, junta-se, em dimensão mais pragmática, a crua realidade das dificuldades financeiras do sector público, a reclamar soluções de financiamento privado para a montagem de estruturas públicas.

Num ambiente ideologicamente favorável – em consonância com uma tendência de *downsizing* do sector público – e financeiramente recomendável, vem-se assistindo, um pouco por toda a parte, ao renascimento, na veste de PPP, de uma "velha" figura do direito administrativo europeu: a concessão, de serviços e de obras públicas.

Como a observação um pouco mais atenta o detecta imediatamente, os municípios não têm passado ao lado desta "tendência para concessionar" e, por aí, viabilizar a entrada de recursos financeiros priva-

---

[31] A dupla exigência conduz-nos a excluir da análise subsequente as concessões de utilização privativa do domínio público (não enquadram uma relação de colaboração) e as concessões de exclusivos (em regra, não têm um objecto público).

[32] Em termos legislativos, cf., no direito português, o Decreto-Lei n.º 86/2003, de 26 de Abril.

dos na instalação, expansão e actualização de estruturas públicas municipais ou na gestão e exploração de serviços públicos municipais. A concessão viu-se, de novo, convertida num meio atractivo de realização e de gestão de missões municipais.

Sem questionar as várias expressões em que se revela a real bondade intrínseca das parcerias público-privadas, afigura-se, ainda assim, que, nesta temática, se impõem algumas reflexões. Em geral, a concessão é – sempre foi – um sistema de gestão alternativo à *gestão directa* (entidade pública originariamente responsável, por si mesma e através de contratos públicos) e à *gestão indirecta pública* (gestão por entidade de propósito específico, constituída a partir da entidade pública originariamente responsável). É exactamente esta característica da concessão que importa ter presente: como outras, a decisão de concessionar terá prós e contras, quando confrontada com a decisão de recorrer a outros métodos de gestão. Nesta medida, impõe-se que as entidades autárquicas tenham presente a exigência de efectuar a ponderação entre custos e benefícios.

2.2. Capacidade de concessionar

A concessão implica uma deslocação para uma "estrutura externa" de competências ou poderes que o legislador entrega às autarquias locais. Este efeito externo, *delegatório*, da concessão reclama uma *autorização legal para concessionar*.

Apesar de a formulação não ser inequívoca, afigura-se que os municípios dispõem, nos termos da lei, de uma *capacidade geral* para concessionar a gestão das missões por que são legalmente responsáveis. Resulta isso, por um lado, dos artigos 10.º a 14.º do Decreto-lei n.º 390/82, e, por outro, do artigo 53.º, n.º 2, alínea *q)*, da Lei n.º 169/99 – é certo que nenhuma dessas disposições autoriza expressamente os municípios a concessionar; além disso, a disposição citada por último[33] efectua até uma remissão para os "termos da lei" que poderia interpretar-se no sentido de exigir uma lei especial a prever a concessão. Aceitando que a interpretação literal pode não sanar a dúvida, afigura-se, porém, que uma interpretação

---

[33] Sobre as competências da assembleia municipal, aí se estabelece que a esta cabe "autorizar, nos termos da lei, a câmara municipal a concessionar, por concurso público, a exploração de obras e serviços públicos, fixando as respectivas condições gerais".

sistemática, e em conformidade com o princípio da *autonomia local* em matéria organizativa, conduzirá à conclusão de que as referências legais expressas às concessões de serviços e de obras resultam de uma opção legislativa de conferir às autarquias um *poder de decisão* sobre o modo de organização e de gestão das tarefas por que são responsáveis[34] – o disposto nos artigos 11.º (prazo de concessão e direito de resgate), 12.º (transmissão da concessão), 13.º (direito de fiscalização) e 14.º (forma do contrato) do Decreto-Lei n.º 390/82 pressupõe exactamente que os municípios podem concessionar; o objectivo dessas disposições é o de disciplinar o efectivo exercício do poder de concessionar.

As disposições legais referidas, atribuindo aos municípios uma capacidade geral para concessionar, não os autorizam, contudo, a delegar poderes públicos de autoridade em particulares: mesmo quando associada a concessões de serviços ou de obras públicas, a delegação de poderes de autoridade (*v. g.*, cobrança de taxas ou autuação de infracções) não dispensa uma habilitação legal expressa[35].

Naturalmente, aquelas mesmas disposições também não adjudicam aos municípios a faculdade de concessionar a particulares a gestão de tarefas e actividades cujo desempenho lhes está vedado, por se situarem fora das suas atribuições públicas: assim, por exemplo, já foi defendido entre nós que "não se inclui nas atribuições dos municípios a concessão, mediante portagem, da construção, conservação e exploração de uma auto-estrada"[36].

O facto de existir uma capacidade geral dos municípios para concessionarem obras e serviços não exclui a previsão legal de concessões em sectores determinados; exemplos de previsões legais dessa natureza:

---

[34] Apesar de a lei não se referir, em geral, às concessões de exploração do domínio público, não se descortinam razões que possam justificar uma solução diferente; por analogia com a situação em matéria de obras e de serviços públicos, entende-se que existe um poder dos municípios para concessionar a exploração de bens do domínio público de que sejam titulares.

Exemplo de concessão de exploração do domínio público municipal expressamente autorizada por lei é a *concessão da gestão de infra-estruturas, dos espaços verdes e de utilização colectiva*, previstos nos artigos 46.º e 47.º do *RJUE*. Em conformidade com o disposto, o regime jurídico destes contratos de concessão de gestão do domínio público autárquico seria estabelecido por um decreto-lei, o qual, entretanto, ainda não foi publicado.

[35] Cf. Pedro Gonçalves, *Entidades Privadas*, cit., p. 1006.

[36] Cf. Parecer n.º 46/2002, do *Conselho Consultivo da Procuradoria-Geral da República*.

i) artigo 6.º e seguintes do Decreto-Lei n.º 379/93, de 5 de Novembro (sistemas municipais de água, efluentes e resíduos sólidos; *ii)* artigo 7.º do Decreto-Lei n.º 320/2002, de 28 de Dezembro (contratação de entidades para efectuarem a inspecções de elevadores); *iii)* artigo 94.º, n.ᵒˢ 4 e 5, do *RJUE* (contratação de empresas privadas para a fiscalização de obras e a realização de inspecções e de vistorias); *iv)* artigo 124.º do *RJIGT* (concessão de urbanização).

2.3. Decisão de concessionar

Na esfera dos municípios, a decisão de concessionar pertence naturalmente à câmara municipal. Tomada essa decisão, segue-se o pedido de autorização à assembleia municipal: nos termos da lei, autorizando, esta deverá fixar as "condições gerais da concessão"; cf. artigo 53.º, n.º 2, alínea *q)*, da Lei n.º 169/99 – nada obsta, naturalmente, a que essas condições gerais (cadernos de encargos e especificações) acompanhem o pedido de autorização, para efeitos de aprovação pelo órgão deliberativo.

2.4. Procedimento de adjudicação de concessões autárquicas

Autorizada a concessionar, cabe à câmara municipal pôr em marcha o procedimento de adjudicação. Várias disposições legais impõem a adjudicação por *concurso público*: artigos 183.º do *CPA*, 10.º do Decreto-Lei n.º 390/82, 244.º do Decreto-Lei n.º 59/99 (em relação às concessões de obras públicas), 124.º, n.º 2, do *RJIGT* (concessão de urbanização).

Salvo quanto às concessões de obras públicas (cf. artigo 59.º e seguintes do Decreto-Lei n.º 59/99, por força do respectivo artigo 244.º) e, por remissão do artigo 124.º, n.º 4, do *RJIGT*, às concessões de urbanização, a tramitação do procedimento de concurso público não se encontra legalmente definida.

Uma vez escolhido o adjudicatário, o contrato será celebrado, devendo constar de escritura pública: cf., para as concessões de serviços e de obras públicas, o artigo 14.º do Decreto-Lei n.º 390/82, bem como, para as últimas e para as concessões de urbanização, o artigo 251.º do Decreto-lei n.º 59/99.

2.5. Regime dos contratos de concessão

Não sendo abundantes, são, contudo, significativas as referências legais dirigidas aos contratos de concessão. Assim, para *todas* as concessões autárquicas, valem as seguintes regras: *i)* prazo máximo de 20 anos; *ii)* dever de previsão do direito de resgate a partir, pelo menos, do décimo ano; *iii)* proibição de transmissão das concessões sem autorização; *iv)* dever de salvaguarda do direito de fiscalização da entidade concedente. No que se refere às concessões de obras públicas acresce a exigência de que do caderno de encargos conste a definição das condições e do modo de exercício do direito de sequestro.

2.6. Contencioso das concessões

No domínio dos litígios relativos a concessões (litígios entre os contratantes ou entre contratantes e terceiros) aplicam-se as regras gerais sobre contencioso pré-contratual e contratual. Cumpre, todavia, observar, quanto ao contencioso pré-contratual, que o *processo urgente* regulado no artigo 100.º e seguintes do *CPTA* só é aplicável aos actos dirigidos à celebração de contratos de concessão de obras públicas; nos demais casos (*v. g.*, concessões de serviços públicos), a reacção tem de fazer-se pela forma processual da *acção administrativa especial*.

3. Referência às novas directivas da contratação pública

As directivas comunitárias sobre contratação pública do ano de 2004[37] comportam inovações relevantes no capítulo da regulamentação dos procedimentos de adjudicação dos contratos públicos – tratando-se de

---

[37] Cf. *Directiva 2004/17/CE, do Parlamento Europeu e do Conselho, de 31 de Março de 2004, relativa à coordenação dos processos de adjudicação nos sectores da água, da energia, dos transportes e dos serviços postais*, e *Directiva 2004/18/CE, do Parlamento Europeu e do Conselho, de 31 de Março de 2004, relativa à coordenação dos processos de adjudicação dos contratos de empreitada de obras públicas, dos contratos públicos de fornecimento e dos contratos públicos de serviços*, ambas publicadas no JOUE L 134, de 30/04/2004.

matéria a ser desenvolvida pelo legislador português, no quadro da revisão dos Decretos-Leis n.ᵒˢ 59/99 e 197/99 (no contexto da elaboração do novo *Código dos Contratos Públicos*), parece-nos útil aludir, ainda que brevemente, a alguns dos traços mais marcantes da nova disciplina comunitária.

Neste âmbito, a primeira nota que importa registar é a de que o regime de 2004 se mantém fiel a pilares essenciais do anterior *approach* comunitário nesta matéria; assim, por exemplo:

i) Mantém-se a separação entre uma *directiva geral* e uma *directiva sectorial* (esta deixa, contudo, de se aplicar aos contratos públicos no sector das telecomunicações[38]);

ii) Embora se esclareça que todos os contratos públicos celebrados nos Estados-Membros devem observar os princípios fundamentais do Tratado que institui a Comunidade Europeia, mantém-se o princípio de que as directivas (os procedimentos nelas previstos, que concretizam aqueles princípios fundamentais) só se aplicam a contratos públicos cujo valor se situe acima de certos limiares[39];

iii) As directivas continuam a prever a *aplicação mínima* (obras públicas) e mesmo *não aplicação* (serviços públicos) das suas regras às concessões públicas;

iv) Mantém-se um conceito amplo de *entidades adjudicantes*, que inclui, no seu núcleo mínimo, *as pessoas colectivas públicas territoriais* (Estado, autarquias locais e regionais), bem como os *organismos de direito público*; em termos variáveis, outras categorias de entidades são também abrangidas[40].

---

[38] A decisão de excluir a aplicação das directivas ficou a dever-se ao reconhecimento de que o sector das telecomunicações atingiu já um patamar de concorrência efectiva, nos planos de direito e de facto.

[39] Desde que respeitem os princípios fundamentais do direito comunitário, os Estados mantêm a liberdade de definição dos procedimentos de adjudicação de contratos que se situem abaixo dos limiares comunitários – recorde-se, por exemplo, que o Decreto-Lei n.ᵒ 59/99 apenas se aplica às concessionárias de serviços públicos quando o valor da obras seja igual ou superior ao estabelecido para efeitos de aplicação das directivas da UE relativas à adjudicação de obras públicas: artigo 3.º, n.º 1, alínea *h)*.

[40] A Directiva 2004/17/CE (sectores especiais) integra ainda no conceito de entidades adjudicantes as *empresas públicas*, bem como as entidades que beneficiem de direitos especiais ou exclusivos (será, em regra, o caso das empresas concessionárias que actuam no sector das indústrias de rede). Por seu lado, a Directiva 2004/18/CE, definindo como

Esses e outros *traços de continuidade* não devem, todavia, conduzir à conclusão de que a nova regulamentação é parca ou residual em inovação; não é, na verdade, assim. Para limitar as referências ao essencial, assinalam-se, neste contexto, as alterações traduzidas **a)** na adopção de uma *disciplina uniforme e integrada para os contratos públicos (fora dos sectores especiais)*, **b)** na instituição de mecanismos de *simplificação e de aumento da eficácia da contratação pública*, **c)** no desenho de *novos de procedimentos de adjudicação* e **d)** na regulamentação das *técnicas electrónicas de compras*.

a) Disciplina uniforme para os contratos públicos (fora dos sectores especiais)

Já se aludiu ao facto de a reforma de 2004 ter mantido a separação entre um *regime geral* e um *regime sectorial* da contratação pública. Contudo, ao invés da disciplina anterior que, ao regime geral, dedicava três directivas (uma para serviços, outra para fornecimentos e uma terceira para empreitadas de obras públicas), a Directiva 2004/18/CE acolhe regras de aplicação uniforme aos procedimentos de formação de todos os contratos públicos.

b) Mecanismos de simplificação e de incremento da eficácia da contratação pública

Além da nova regulamentação das compras electrónicas, as directivas adoptam um conjunto de soluções inovadoras com o objectivo de simplificar e de aumentar os níveis de eficácia da contratação pública. Ilustram esta tendência as disposições sobre os designados "acordos-quadro" – acordos entre uma ou mais entidades adjudicantes e um ou mais operadores económicos que têm por objecto fixar os termos dos contratos a celebrar durante um determinado período, em matéria de preços e, se necessário, de quantidades previstas, bem como sobre as "centrais de compras" – entidades adjudicantes que adquirem bens ou serviços para outras entidades adjudicantes –, assim como a previsão da

---

entidades adjudicantes apenas as entidades públicas territoriais e os organismos de direito público, determina, contudo, a sua aplicação a quaisquer contratos subsidiados em mais de 50% por aquelas entidades adjudicantes e estabelece algumas regras aplicáveis aos contratos celebrados por empresas concessionárias de obras públicas.

possibilidade da instituição de "listas oficiais de operadores económicos aprovados" ou de "sistemas de certificação de operadores económicos".

c) Novos procedimentos de adjudicação

No domínio dos procedimentos de adjudicação, vem juntar-se aos procedimentos clássicos (concurso público, concurso limitado, procedimentos de negociação) o designado "diálogo concorrencial", ao qual as entidades adjudicantes podem recorrer apenas quando estiver em causa a adjudicação de "contratos particularmente complexos" – trata-se de um *procedimento aberto* (qualquer operador pode solicitar participar) em que a entidade adjudicante conduz um diálogo (negociação) com os candidatos admitidos, tendo em vista desenvolver uma ou várias soluções aptas a responder às suas necessidades e com base na qual, ou nas quais, os candidatos serão convidados a apresentar uma proposta (*proposta final*).

d) Compras públicas electrónicas

Considerado um vector essencial à instituição do governo electrónico (*Egovernment*)[41], o fenómeno da contratação pública electrónica, quando generalizado, aumentará a eficácia e contribuirá para uma significativa diminuição dos custos com a contratação pública[42]. Neste campo, as directivas de 2004 procuram regulamentar e promover as técnicas electrónicas de compras.

São três os domínios abrangidos por essa regulamentação:

i) Desmaterialização de procedimentos e "contratos públicos electrónicos"

Actualmente os procedimentos de adjudicação de contratos de compras públicos desenrolam-se segundo a regra da forma escrita; a primeira possibilidade que as tecnologias da informação e da comunicação oferecem reside precisamente na desmaterialização, quer dizer, na substituição da tradicional forma escrita pela *forma electrónica*.

---

[41] O governo electrónico refere-se ao emprego das tecnologias da informação e da comunicação pelas administrações públicas, quer nas relações que estabelecem entre si, quer naquelas que se processam entre elas e os cidadãos; cf. J.E.J. PRINS (ed.), *E-Government and its implications for administrative law*, Haia, Asser Press, 2002, p. 3.

[42] Cf. PEDRO GONÇALVES, "Contratação Pública Electrónica", *Direito da Sociedade da Informação*, vol. VI, Coimbra, Coimbra Editora, 2006, pp. 337 e ss..

Com este objectivo, a nova regulamentação comunitária admite a possibilidade de comunicação por meios electrónicos no desenrolar do procedimento. Como princípio geral, estabelece-se que os instrumentos a utilizar para a comunicação por meios electrónicos, bem como as suas especificações técnicas, não devem ser discriminatórios, devem estar em geral disponíveis e devem revelar-se compatíveis com os produtos de uso corrente no domínio das tecnologias da informação e da comunicação

Além do envio, por meios electrónicos, do anúncio à Comissão, a desmaterialização dos procedimentos pode traduzir-se em as entidades adjudicantes oferecerem acesso livre, directo e completo ao caderno de encargos e a todos os documentos complementares. Para o efeito, devem aquelas entidades indicar no anúncio o endereço da *internet* em que a documentação está disponível e precisar as modalidades de acesso; os interessados deverão ter a possibilidade de consultar e de arquivar nos seus computadores toda a documentação disponibilizada. Observe-se, a propósito, que a Directiva 2004/17/CE não esclarece se a opção (das entidades adjudicantes) pela via da desmaterialização da documentação se impõe obrigatoriamente aos interessados (operadores participantes no procedimento) – à primeira vista, parece que a regulação desse ponto cabe ao legislador nacional (diploma de transposição), embora se deva chamar a atenção para o artigo 42.º, n.º 1, da Directiva, onde se estabelece que "todas as comunicações e trocas de informações mencionadas no presente título podem ser efectuadas, *à escolha da entidade adjudicante*, por carta, fax, meios electrónicos (…), telefone (…) ou por uma combinação desses meios".

Por outro lado, a Directiva prevê a possibilidade de os interessados transmitirem os seus pedidos de participação e propostas por meios electrónicos[43].

---

[43] Numa medida limitada (quanto aos universos subjectivo e objectivo abrangidos), o disposto na Directiva 2004/17/CE encontra-se já regulado no direito português. De facto, nos termos do Decreto-Lei n.º 104/2002, de 12 de Abril, as *aquisições de bens* reguladas pelo Decreto-Lei n.º 197/99, de 8 de Junho – trata-se de *bens móveis* – pelas administrações públicas estaduais (directa e indirecta) abrangidas por esse diploma podem ser efectuadas por via electrónica. De acordo com o diploma, a opção pela aquisição de bens por via electrónica fica deixada ao exclusivo critério da entidade com competência para autorizar a despesa.

O diploma estabelece um *princípio de equiparação* do emprego de meios electrónicos ao uso da forma escrita. Um tal princípio tem expressões: *a)* na equiparação

A desmaterialização dos procedimentos de adjudicação dos contratos de compras públicas implica a substituição da utilização do papel (que abrange actualmente todos os documentos e actos jurídicos do procedimento) pela utilização de meios electrónicos. Mas, além disso, postula a definição de um regime de substituição por uma forma electrónica de todos os actos e operações procedimentais que actualmente pressupõem a assistência e a presença física dos envolvidos: em vez do actual *acto público* e da *sessão de negociação*, haverá lugar a um "acto público em forma electrónica" e uma "negociação *on-line*". Nas duas situações, a adopção da forma electrónica implicará a definição de um sistema que assegure uma participação electrónica simultânea dos interessados, os quais hão-de encontrar-se em condições de assistir *on-line* à realização dos actos e operações que integram a sessão do acto público ou a sessão de negociação, bem como em posição de intervir em tempo real (*v. g.*, sistema de vídeo-conferência).

Um aspecto que a Directiva 2004/17/CE não esclarece diz respeito à possibilidade, ou não, da extensão do emprego de meios electrónicos à própria celebração do contrato (a ser possível, teremos então a figura dos "contratos públicos electrónicos") – como se sabe, depois de o procedimento de adjudicação de um contrato de compras públicas estar concluído, inicia-se uma nova fase, que, *em regra*, culmina na celebração de um *contrato escrito* entre a entidade pública e a empresa adjudicatária.

---

da transmissão de documentos e das notificações feitas por correio electrónico às respectivas remessa e transmissão por meios não electrónicos; *b)* na equiparação dos documentos electrónicos aos documentos em suporte de papel; *c)* na equiparação da assinatura digital aposta a um documento electrónico à aposição da assinatura autógrafa; *d)* nos procedimentos em que esteja prevista negociação, na equiparação da sua condução *on-line* à realização presencial; *e)* na equiparação da remessa de documentos electrónicos a que seja a aposta assinatura digital e cujo conteúdo seja encriptado ao envio dos mesmos em invólucro opaco e fechado.

Além disso, estabelece-se que, para garantir a prova da transmissão dos documentos electrónicos, a entidade adjudicante deverá utilizar um mecanismo de registo que assegure o registo efectivo da recepção desses documentos e a emissão das necessárias notificações às entidades remetentes.

Por fim, o diploma esclarece também que os programas de concurso ou procedimento, os cadernos de encargos e todos os anúncios que devam ser publicitados no *Diário da República* devem-no igualmente ser no *site* da entidade adjudicante e, opcionalmente, noutros *sites* considerados relevantes para a sua divulgação. Devem igualmente ser publicitados os formatos electrónicos admissíveis para apresentação de documentos electrónicos, os quais devem incluir os formatos *standard* de facto.

Regulamentação dos Contratos Públicos e das Concessões... 39

O que agora se equaciona é, portanto, a questão de saber se é possível a utilização de meios electrónicos no próprio momento da celebração do contrato, em substituição do contrato escrito e com a assinatura autógrafa dos representantes das partes.

Neste contexto, cumpre referir o Decreto-Lei n.º 7/2004, de 7 de Janeiro, que veio estabelecer, no artigo 25.º, n.º 1, que "é livre a celebração de contratos por via electrónica, sem que a validade ou eficácia destes seja prejudicada pela utilização deste meio".

Dado que o catálogo legal de excepções ao *princípio de liberdade de contratação electrónica* não contempla os contratos públicos, poderia pensar-se em invocar aquela liberdade neste contexto e considerar-se o diploma aplicável a todo o universo contratual, privado e pública. Temos, contudo, dúvidas de que, sem uma previsão legal específica, possa transpor-se para os contratos públicos (para os quais a legislação específica exija a redução a escrito) o princípio da liberdade de contratação electrónica.

ii) sistemas de aquisição dinâmicos

Na definição que consta das directivas, *sistema de aquisição dinâmico* é um processo de aquisição inteiramente electrónico para a compra de bens ou serviços de uso corrente, cujas características geralmente disponíveis no mercado satisfazem a entidade adjudicante, limitado no tempo e aberto, ao longo de toda a sua duração, a qualquer operador económico que satisfaça os critérios de selecção e tenha apresentado uma proposta indicativa conforme com o caderno de encargos.

Para realizar um sistema de aquisição dinâmico, as entidades adjudicantes devem seguir o procedimento de concurso público, em todas as suas fases, até à adjudicação dos contratos específicos a atribuir no âmbito do sistema.

A entidade adjudicante deverá anunciar o concurso e elaborar um caderno de encargos que especifique a natureza das compras previstas (terá de se tratar de bens e serviços de uso corrente) e que contenha todas as informações necessárias sobre o sistema, o equipamento electrónico e as modalidades e especificações técnicas de conexão.

A partir da data da publicação do anúncio e até à caducidade do sistema (a duração não pode ser superior a quatro anos, salvo casos excepcionais devidamente justificados), a entidade adjudicante deve facultar acesso livre, directo e completo, por meios electrónicos, ao caderno de encargos e a todos os documentos complementares, devendo, nesse âmbito, indicar o endereço da *internet* em que a documentação está disponível.

Os proponentes que satisfaçam os critérios de selecção e que apresentem *propostas indicativas* serão admitidos no sistema após uma avaliação a efectuar pela entidade adjudicante. Os proponentes serão informados da decisão administrativa tomada sobre o pedido de admissão ao sistema.

Por força da admissão no sistema dos vários proponentes e da abertura permanente à admissão de novos proponentes (abertura que vigora ao longo de toda a duração do sistema de aquisição dinâmico), a entidade adjudicante passa a dispor, a todo o tempo, de um leque amplo de propostas indicativas apresentadas por prestadores de serviços ou fornecedores interessados em contratar com base nessas propostas.

Todavia, cada contrato específico deve estar sujeito a concorrência, a qual não é limitada aos operadores já admitidos no sistema. Com efeito, de acordo com o projecto de directiva, as entidades adjudicantes convidarão, por anúncio, todos os operadores económicos interessados a apresentar uma proposta indicativa para serem admitidos no sistema (e já não uma proposta para o contrato específico). A colocação em concorrência de cada contrato específico só pode ocorrer depois de uma avaliação das propostas indicativas que venham a ser apresentadas.

Efectuada essa avaliação, as entidades adjudicantes convidam todos os proponentes já admitidos no sistema (autores de propostas indicativas) a apresentar uma proposta para o contrato específico a adjudicar no âmbito do sistema. O contrato será adjudicado ao proponente que tiver apresentado a melhor proposta; a avaliação das propostas efectua-se com base nos critérios de adjudicação previstos no anúncio de concurso utilizado para a realização do sistema de aquisição dinâmico.

O sistema funciona, em todas as suas fases (após o anúncio de concurso), de um modo inteiramente electrónico.

iii) leilões electrónicos

A realização de leilões *on-line*, através da internet, constitui uma realidade conhecida e em expansão. As directivas instituem leilões electrónicos no âmbito dos processos de compras públicas.

O *leilão electrónico* é definido como um processo interactivo que obedece a um dispositivo electrónico de apresentação de novos preços, progressivamente inferiores, e/ou novos valores relativamente a determinados elementos das propostas, desencadeado após uma primeira avaliação completa das propostas e que permite que a sua classificação se possa efectuar com base num tratamento automático.

Os leilões electrónicos são "processos enxertados" em normais procedimentos de concurso e de negociação e que, naturalmente, se desenrolam antes da prática do acto de adjudicação e após uma avaliação completa das propostas em conformidade com o critério ou os critérios de adjudicação previamente definidos e a respectiva ponderação; apenas poderão ter lugar quando as especificações do contrato possam ser fixadas com precisão (a situação mais comum consistirá em o leilão incidir unicamente nos preços, nos casos em que o critério de adjudicação do contrato seja o do "preço mais baixo").

O processo de leilão implica um convite simultâneo a todos os proponentes admitidos a participar no procedimento – convite que se realiza por meios electrónicos – no sentido de estes apresentarem novos preços, sucessivamente mais baixos. Durante o desenrolar do processo, as entidades adjudicantes comunicarão contínua e instantaneamente a todos os proponentes as informações que lhes permitam a todo o tempo conhecer a respectiva classificação. Em caso algum poderão divulgar a identidade dos vários proponentes durante as fases do leilão.

O leilão é encerrado no dia e hora previamente estabelecidos ou quando as entidades adjudicantes estiverem sem receber novos preços durante um período de tempo previamente estabelecido.

Uma vez encerrado o leilão electrónico e em função dos resultados obtidos, procede-se à adjudicação ao proponente que se encontrar posicionado em primeiro lugar (em regra, será o que, no desenrolar do leilão, tiver oferecido o preço mais baixo).

CAPÍTULO III
Princípios Fundamentais da Contratação Pública

A identificação de um conjunto de princípios fundamentais da contratação pública constitui um dos aspectos determinantes do regime jurídico dos contratos celebrados por entidades públicas, *maxime* dos contratos administrativos. Daí que muitos dos princípios convocados sejam, em primeira linha, princípios gerais de Direito Administrativo, os quais possuem uma aplicação especial em sede de contratação.

Apesar de os princípios jurídicos aplicáveis, designadamente no âmbito contratual, não necessitarem de plasmação expressa, em virtude da sua intencionalidade normativa e relativa indeterminação, têm-na encontrado, em grande medida, quer na *Constituição da República* (*CRP*), quer no *CPA*, aplicável supletivamente aos procedimentos contratuais que não encontrem regulamentação especial, quer ainda em algumas destas regulamentações, como sucede com o Decreto-Lei n.º 197/99, de 8 de Junho (Secção II do Capítulo I, artigos 7.º e seguintes, sob a epígrafe «Princípios»).

Naturalmente, os princípios, se configuram bordões normativos passíveis de concretização por intermédio de regras jurídicas ou por mobilização directa nos casos concretos, superam estes seus âmbitos parcelares de relevância pela riqueza normativa que os caracteriza. Deste modo, para além do elenco dos princípios aqui apresentados não ser exaustivo, alguns deles assumem igualmente relevância em sede dos momentos de celebração e execução dos contratos, revelando-se passíveis de várias concretizações normativas das quais referiremos apenas as mais relevantes (não duplicando a referência aos mesmos na parte relativa à "vida" – *rectius*, ao desenvolvimento da vida – do contrato administrativo). Por este motivo, principiaremos por enunciar princípios cujo âmbito de relevância conhece um horizonte mais alargado, contendendo com todos os momentos identificáveis no domínio contratual. Em seguida, trataremos sucessivamente dos princípios relativos à formação do contrato (onde incluiremos a celebração) e os princípios relativos à execução do contrato. Atente-se, porém, que mesmo esta última distinção apenas possui uma relevância dogmático-explicativa, uma vez que a cisão entre as fases enunciadas nem sempre se afigura fácil (e nunca absoluta), sobretudo quando está em causa uma tarefa de identificação principiológica, com dimensões que assumem especificidades em ambos os sentidos.

1. Princípios gerais da contratação pública

Como decorre do que afirmámos, vamos integrar neste primeiro ponto os princípios gerais relativos à contratação pública, cuja relevância se não circunscreve a qualquer dos momentos de formação, celebração ou execução do contrato. Mais do que isso, estão em causa princípios relativos à actividade administrativa, os quais serão objecto de análise ao nível da intencionalidade que possuem em sede de contratação pública.

1.1. *Princípio da legalidade*

A Administração encontra-se vinculada, nas várias dimensões da sua actuação, pelo princípio da legalidade, já que se trata, em geral, de uma função que encontra os pressupostos da sua actuação e os limites da mesma em disposições legais.

De acordo com a formulação geral deste princípio, a Administração deve respeitar a lei que define os pressupostos e termos de actuação da sua actuação (*princípio da precedência de lei*), deve respeitar as determinações legais, sob pena de invalidade ou imposição de sanções legalmente previstas (*princípio do primado ou prevalência da lei*), e deve abster-se de regular matérias de reserva legislativa parlamentar, só podendo actuar mediante autorização legal ou constitucional expressa (*princípio da reserva de lei*). Atente-se, porém, que, cada vez mais, a vinculação da Administração excede em muito estas dimensões referentes à Constituição e às leis ou regulamentações de imputação interna, já que, cada vez com maior intensidade e com efeitos relevantes, se afirma a primazia do direito comunitário, sobretudo em matéria contratual – os

Princípios Fundamentais da Contratação Pública

contratos públicos – e o relevo dos princípios jurídicos fundamentais, mesmo que não escritos. Deste modo, tem-se alterado a concepção da vinculação da Administração à lei, que o passa a ser ao Direito, falando--se, em virtude dos múltiplos referentes jurídicos existentes, de um *princípio da juridicidade da Administração*, como claramente decorre do artigo 3.º do *CPA*, assim como do n.º 2 do artigo 266.º da CRP. Este alargamento permite, desde logo, algum espaço de controlo das decisões tomadas em matéria discricionária pela Administração, quando delas resulte a violação de referente jurídicos fundamentais, afirmando-se, também por esta via, o princípio da tutela jurisdicional efectiva da Administração[44].

Dependendo do tipo de actuação da Administração (se de gestão pública ou de gestão privada) e do ambiente em que mesma se move, em especial, do âmbito de discricionariedade que lhe assiste, a vinculação à lei pode ser entendida como uma exigência de compatibilidade, isto é, de actuação administrativa não contrária à lei, ou então com um sentido mais exigente de conformidade, como, em geral, sucede no âmbito dos procedimentos administrativos.

É, de facto, o que sucede com o procedimento contratual da Administração que deve obedecer às disposições legais, gerais ou especiais, estabelecidas para a sua condução, já que a regra no âmbito da contratação administrativa é a da sua procedimentalização, mesmo nas hipóteses de ajuste directo.

Para além do mais, a própria escolha do procedimento obedece a um princípio de tipicidade (*princípio da tipicidade dos procedimentos*), não podendo ser adoptados procedimentos diferentes dos que se encontram previstos na lei (artigo 7.º, n.º 1, do Decreto-Lei n.º 197/99), devendo ainda respeitar-se o princípio geral da sucessão dos procedimentos contratuais aplicáveis de acordo com a ordem decrescente do seu grau de exigência procedimental, com base na definição legal que deles for feita.

Note-se, ainda assim, que esta vinculação ao quadro legal enformador da actividade contratual da Administração não anula a sua discricionariedade, quer no que se refere à modelação da tramitação procedimental,

---

[44] Tendo em conta uma perspectiva actual do princípio da legalidade em face da sua evolução no sentido de princípio da juridicidade, *v.*, por todos, VIEIRA DE ANDRADE, "O Ordenamento Jurídico Administrativo Português", *Contencioso Administrativo*, Braga, Livraria Cruz, 1986, pp. 37 e ss..

quer no que se refere à definição dos critérios de adjudicação. Com efeito, a entidade adjudicatária continua a dispor de uma grande amplitude de conformação das regras procedimentais e das especificações técnico-jurídicas que regerão todo o procedimento contratual, já que lhe compete – dentro dos limites mais ou menos apertados da lei – definir o programa de concurso e o caderno de encargos. Deste modo, grande parte das vinculações a que tal entidade deve obediência foram por ela própria estipuladas no momento inicial do procedimento contratual, pelo que se trata de mecanismos de autovinculação da Administração, mas que, por revestirem carácter normativo, impõem a sua observância sem qualquer possibilidade de derrogação (como resulta da formulação do princípio da inderrogabilidade singular dos regulamentos[45]).

A relevância do princípio da legalidade em matéria contratual não se reduz, porém, ao procedimento. É também este o princípio idóneo para solucionar o problema da possibilidade de a Administração produzir um determinado efeito jurídico através da forma contratual – *capacidade contratual de direito administrativo* (enquanto "definição do conjunto de situações jurídico-administrativas em que certa pessoa colectiva pública possa participar através da celebração de contratos administrativos"[46])

---

[45] É um facto que, por exemplo, a jurisprudência vem concebendo os programas de concurso como verdadeiros regulamentos administrativos (a implicar a invalidade dos actos subsequentes que os contrariarem e a não admissão das candidaturas ou propostas que com eles se não conformem ou, pelo menos, compatibilizem) – cf., *v. g.*, Acórdão do STA de 11.02.1999, P. 044508, RODRIGUES PARDAL/MADEIRA BORDALO, *Antologia de Acórdãos do Supremo Tribunal Administrativo e do Tribunal Central Administrativo*, ano II, n.º 2, (1999), p. 110, de acordo com o qual os programas de concurso constituem "verdadeiros regulamentos administrativos, minuciosamente faseados e disciplinadores da sua tramitação, nos quais se inscrevem, de forma imperativa, os trâmites e formalidades do procedimento concursivo adjudicatório", pelo que funcionam como "parâmetro normativo-regulamentar dos actos administrativos praticados no desenrolar do respectivo concurso". Na doutrina, no sentido da qualificação do programa de concurso e do caderno de encargos como normas administrativas, *v.* PEDRO GONÇALVES, *O Contrato*, cit., pp. 163 e s.; MÁRIO ESTEVES DE OLIVEIRA/RODRIGO ESTEVES DE OLIVEIRA, *Concursos e Outros Procedimentos de Adjudicação Administrativa (Das Fontes às Garantias)*, Coimbra, Almedina, 1998, pp. 134 e ss.; já MARGARIDA OLAZABAL CABRAL, embora apontando no mesmo sentido quanto ao programa, recusa natureza normativa ao caderno de encargos, considerando-o como "parte integrante da declaração negocial (…) pela qual a entidade adjudicante convida os interessados a apresentarem propostas e define [parte dos termos] do futuro contrato" (*O Concurso Público nos Contratos Administrativos*, Coimbra, Almedina, 1997, pp. 241 e 246, respectivamente).

[46] J. M. SÉRVULO CORREIA, *Legalidade*, cit., p. 562.

Princípios Fundamentais da Contratação Pública 47

ou, mais ampla, *capacidade para contratar*. Sem ignorar a conexão indelével que marca a relação entre esta questão e a autonomia pública contratual, trata-se neste momento de fazer referência ao facto de as entidades públicas apenas poderes contratar se existir uma habilitação legal para tanto: no que respeita às autarquias locais, as mesmas encontram-se autorizadas a celebrar contratos de qualquer natureza, dentro dos limites das respectivas atribuições e mediante a observância as limitações relativas à estipulação de conteúdos, decorrendo essa capacidade da sua personalidade jurídico-pública (cf. *supra*, Capítulo I, 2.2.8., Capítulo II, 3.1., e *infra*, neste Capítulo, 1.2.).

1.2. *Princípio da autonomia contratual pública*

O relevo do princípio da legalidade não exclui, porém, o relevo e actualidade da figura contratual, que actualmente é concebida como um instrumento normal de actuação da Administração. Com efeito, a partir do momento em que a Administração se viu confrontada com a necessidade de prosseguir tarefas cada vez mais complexas e a intervir de forma decisiva na vida dos cidadãos, os contratos, enquanto forma de actuação administrativa, passaram a assumir uma posição de alternativa face aos modos de actuação autoritários, a adquirir a qualidade de «figura de utilização geral pelas entidades administrativas»[47] (incluindo as autarquias locais) ou de «*modus agendi* do Estado social»[48].

Os argumentos que haviam tradicionalmente servido para negar a admissibilidade dos contratos administrativos[49] foram objecto de recom-

---

[47] Vieira de Andrade, "As Novas Regras para a Actividade Administrativa", *Seminário sobre o Código do Procedimento Administrativo (2 de Abril de 1992) – Comunicações*, Coimbra, CEFA, 1993, p. 101.

[48] Casalta Nabais, *Contratos Fiscais (Reflexões acerca da sua Admissibilidade)*, Coimbra, Boletim da Faculdade de Direito/Coimbra Editora, 1994, p. 16. Todavia, como salienta Vieira de Andrade ["Relatório de Síntese I", *Cadernos de Justiça Administrativa*, n.º 28, (2001), p. 60], "embora se fale muito da substituição do acto pelo contrato, verifica-se que o contrato não veio diminuir o número de actos, veio multiplicá-lo, pois a celebração de cada contrato implica uma multiplicidade de actos administrativos, uns com vista à sua formação, outros destinados à sua execução" (cf. também o que dissemos *supra*, Capítulo II, 1.1.).

[49] Para uma síntese dos argumentos contrários à admissibilidade de a Administração celebrar contratos administrativos, *v.*, por todos, Casalta Nabais, *Contratos Fiscais*, cit.,

preensão, de modo a permitir a utilização dos mesmos: o princípio da igualdade das partes foi convertido na exigência de igualdade ou de equilíbrio financeiro ou prestacional do contrato, enquanto o princípio da legalidade deixou de ser entendido de forma estrita, passando a figura do contrato a ser admitida no âmbito dos poderes discricionários da Administração. De facto, a utilização do contrato administrativo surge hoje com naturalidade quer se trate da substituição da prática de actos administrativos, fazendo prevalecer uma forma de concertação e de acerto de posições recíprocas sobre uma forma de actuação unilateral e impositiva, quer se trate de regular matérias passíveis de ser enquadradas por uma figura contratual de direito privado, optando-se, sem prejuízo da autonomia das figuras, pela publicização do seu regime jurídico.

Para além disso, foram evidenciadas as virtualidades associadas à mobilização dos contratos administrativos, por se tratar de uma forma adequada a ajustar ou conciliar interesses públicos e privados convergentes ou divergentes, de adaptar a acção administrativa a situações especiais ou não previstas na lei, e de incitar uma colaboração mais efectiva da contraparte do que a que resultaria da prática de um acto de imputação unilateral.

Por outro lado, e ao contrário da anterior tendência doutrinal que adoptava o método da enunciação ou do *numerus clausus*, hoje, em face do princípio da liberdade contratual da Administração, decorrente do n.º 1 do artigo 178.º e do artigo 179.º do *CPA*, são admitidos contratos administrativos atípicos, considerando-se como tal aqueles assim classificados por determinação da lei, mas ainda os que merecem tal qualificação pela sua natureza. Assim, se compreende a referência constante do primeiro preceito mencionado ao conceito de *relação jurídica administrativa* como elemento determinante da identificação do contrato administrativo, devendo, à luz deste critério, ser compreendido como tal qualquer "acordo juridicamente vinculativo celebrado entre dois ou mais sujeitos de direito com vista à constituição, modificação ou extinção de uma relação regula-

---

pp. 17 e ss.. Cf. também J. M. SÉRVULO CORREIA, "Contrato Administrativo", *Dicionário Jurídico da Administração Pública*, vol. III, Lisboa, s. n., 1990, pp. 55 e ss.; MARIA JOÃO ESTORNINHO, "Princípio da Legalidade e Contratos da Administração", *Boletim do Ministério da Justiça*, n.º 368, (1987), pp. 83 e ss..

da pelo direito administrativo e que, por isso mesmo, fica submetido a um regime substantivo de direito público"[50].

No horizonte do direito privado, o princípio da liberdade contratual, enquanto corolário da autonomia privada, encontra assento no artigo 405.º do Código Civil e, tal como resulta do articulado deste preceito, envolve quer a liberdade de celebração, quer a liberdade de estipulação; por outras palavras, a liberdade contratual abrange quer a susceptibilidade de recurso ao instrumento contratual como forma de regulação de interesses através do mútuo consenso (aqui se incluindo a liberdade de formulação de propostas contratuais, assim como a liberdade de escolha do contraente), quer o poder de celebrar contratos típicos ou atípicos e de conformar o conteúdo contratual[51].

No âmbito específico do Direito Administrativo, a autonomia contratual abrange igualmente aquelas duas realidades. Destarte, não vigora, como vimos, qualquer princípio da tipicidade das figuras contratuais, podendo ser adoptada a forma contratual e acordados os conteúdos contratuais que se tiverem por mais convenientes. Todavia, tal não significa a inexistência de limites à celebração de contratos administrativos, assim como à inclusão de certas cláusulas contratuais: se a autonomia contratual dos particulares *apenas* nos surge delimitada em termos negativos, a autonomia contratual pública não pode deixar de se compatibilizar com os

---

[50] PEDRO GONÇALVES, *O Contrato*, cit., p. 27. Já quando se trata de aferir, em face desta noção, quais os «factores de administratividade» do contrato, o Autor aponta para a vocação heurística decorrente, também em termos substantivos, do disposto na alínea *f)* do n.º 1 do artigo 4.º do Estatuto dos Tribunais Administrativos e Fiscais (*Op.* cit., p. 56). Aliás, a articulação entre as vertentes substantiva e adjectiva da disciplina jurídica dos contratos administrativos mergulha longe na história do direito administrativo português: uma tal imbricação transparecia já do Decreto n.º 23, de 16 de Maio de 1832 (artigo 85.º, n.º 2.º), decorrendo do Relatório de MOUZINHO DA SILVEIRA para os Decretos n.ºs 22, 23 e 24 (*Collecção de Decretos e Regulamentos Publicados durante o Governos da Regência do Reino Estabelecida na Ilha Terceira*, Segunda Série, Imprensa Nacional, Lisboa, 1836, p. 64) a emergência da noção de «relações administrativas públicas» (as que "se referem a interesse entre uma pessoa, e o bem comum") – por contraposição a «relações administrativas civis» –, que terá orientado o legislador também na escolha das matérias deferidas ao contencioso administrativo [o próprio conceito de «trabalhos públicos», uma das matérias sobre que podiam incidir os contratos celebrados pela Administração, é definido tendo em vista a «utilidade geral» (p. 71)]

[51] Cf. PIRES DE LIMA/ANTUNES VARELA, *Código Civil Anotado*, vol. I, Coimbra, Coimbra Editora, 1987[4], p. 355; J. M. SÉRVULO CORREIA, *Legalidade*, cit., pp. 447 e ss..

50 Contratação Pública Autárquica

demais princípios que regem a actividade administrativa. Por um lado, a livre utilização da forma contrato administrativo apenas é permitida, desde que tal não se encontre vedado pela lei (sempre que esta imponha ou proíba o contrato administrativo como forma de constituir, modificar ou extinguir relações jurídicas) ou pela natureza das relações a estabelecer (cf. artigo 179.º, n.º 1, do *CPA*[52]). Por outro lado, a livre escolha do co-contratante encontra-se amplamente circunscrita em virtude da previsão de procedimentos pré-contratuais legalmente obrigatórios (cf., *v. g.*, o que resulta dos artigos 80.º e seguintes do Decreto-Lei n.º 197/99, e 48.º do Decreto-Lei n.º 59/99).

1.3. *Princípio da prossecução do interesse público*

Em qualquer uma destas sedes de emergência do plano dos princípios no direito administrativo, aquele que representa o critério regulativo primeiro e último da actuação contratual da Administração, pública ou privada, é o da prossecução do interesse público, da promoção da *salus publica* através da concatenação de meios para a realização de interesses públicos secundários (artigo 266.º, n.º 1, da CRP, artigo 8.º do *CPA* e artigo 7.º do Decreto-Lei n.º 197/99). No entanto, apesar de a prossecução de interesses que colocados pelo legislador a cargo da Administração constituir o *telos* da actuação administrativa e a sua satisfação dever ser optimizada, encontra-se a mesma sujeita a limitações de diversa ordem, sendo a mais relevante o respeito pelos direitos e interesses legalmente

---

[52] Sobre o alcance desta norma, designadamente enquanto consagradora de limites à utilização da *forma* contrato administrativo, e não limites relativos ao respectivo *conteúdo* (matéria que respeita ao âmbito de *competência* para a produção de efeitos jurídicos, e, por conseguinte, conhece uma especial conexão com a delimitação competencial dos órgãos administrativos, a efectuar por lei), *v.* PEDRO GONÇALVES, *O Contrato*, cit., pp. 39 e s.. Atente-se, porém, que o preceituado no n.º 2 do artigo 179.º (a impor o respeito pelo princípio da proporcionalidade e a conexão entre as prestações contratuais e o objecto do contrato) pode constituir uma concretização dos limites inerentes à liberdade de estipulação (sobre os problemas relativos à vigência da norma referida, cf. MÁRIO ESTEVES DE OLIVEIRA/PEDRO GONÇALVES/PACHECO DE AMORIM, *Código*, cit., p. 820, sem que todavia os mesmos representem um óbice à aplicação do princípio da proporcionalidade daí emergente, porquanto se trata de um princípio geral essencial na aferição da legitimidade da actuação administrativa).

Princípios Fundamentais da Contratação Pública 51

protegidos dos cidadãos, que encontrará refracções várias no plano do procedimento contratual.

Apesar de, por ter recorrido a uma figura contratual, a Administração se encontrar vinculada às obrigações que para ela daquela decorrem, tal não implica que se encontre capturada em definitivo por um quadro de ponderação recíproca de interesses públicos e privados que podem alterar-se, o que sucede frequentemente quando estão em causa contratos de execução continuada.

De facto, a fixidez das obrigações assumidas pela Administração ou pelo co-contratante desta não quadra bem com alterações que possam ocorrer na redefinição do interesse público a prosseguir, decorram as mesmas de uma modificação do quadro legal de actuação da Administração ou dos dados de facto nos quais assentou a sua vontade de contratar e modelou o conteúdo da mesma. E, repare-se, não se trata, neste momento, de modificações contratuais motivadas por uma alteração superveniente das circunstâncias ou pelos denominados «casos administrativos» (caso imprevisto e caso de força maior)[53]. Mais do que isso, está em causa um verdadeiro poder funcional, correntemente designado como *ius variandi*, que obedece à *lógica da função* determinando a supremacia jurídica da Administração na relação jurídica contratual[54] e que encontra fundamento, quanto aos seus pressupostos de base, na indisponibilidade das atribuições administrativas confiadas a um determinado ente e encontra reflexos entre nós, desde logo, nas possibilidades de a Administração poder "modificar unilateralmente o conteúdo das prestações" contratuais ou rescindir o contrato por motivos de interesse público [cf. o disposto nas alíneas *a)* e *c)* do artigo 180.º do *CPA*; quanto à empreitada de obras públicas, artigos 160.º e 234.º do Decreto-Lei n.º 59/99]. E é esta

---

[53] Quanto à modificação ou à resolução do contrato por alteração superveniente das circunstâncias no âmbito dos contratos administrativos, *v.* PEDRO GONÇALVES, *O Contrato*, cit., pp. 126 e 128 (no que respeita, em especial, à empreitada de obras públicas, cf. artigo 198.º do Decreto-Lei n.º 59/99). Sobre os casos administrativos, *v.* MARCELLO CAETANO, *Manual de Direito Administrativo*, vol. I, Coimbra, Almedina, 1997[10], pp. 623 e ss.; BARBOSA DE MELO/ALVES CORREIA, *Contrato Administrativo*, Coimbra (polic.), 1984, pp. 38 e ss.; FREITAS DO AMARAL, *Curso de Direito Administrativo*, vol. II, Coimbra, Almedina, 2001, pp. 635 e ss., 652 e ss. (relativamente ao caso de força maior na empreitada de obras públicas, cf. artigos 195.º e seguintes do Decreto-Lei 59/99).

[54] PEDRO GONÇALVES, *O Contrato*, cit., p. 104.

cláusula de sujeição[55] do contraente privado, que decorre implicitamente da mobilização da figura de alguns dos contratos administrativos, ditos de subordinação, que permitirá, em muitas situações, a distinção destes relativamente aos contratos de direito privado celebrados pela Administração, por ausência nestes daquelas marcas de exorbitância e de *potestas* que caracterizam os primeiros.

1.4. *Princípio da boa fé*

Este princípio, também ele um princípio geral da actuação administrativa, surge no plano contratual no momento da formação dos contratos e acompanha toda a sua vida, na medida em que surge num ambiente do qual decorre (ou deve decorrer) o estabelecimento de relações de confiança recíproca que, por seu turno, geram expectativas atendíveis no plano do direito.

Este princípio, previsto no artigo 6.º-A do *CPA*, é, manifestamente, um princípio bilateral, já que estabelece obrigações de conduta não só para a Administração como também para os particulares. O princípio da boa fé assume-se como um padrão ético-jurídico de avaliação de condutas humanas[56]: tal como os particulares devem pautar o seu comportamento por critérios de probidade e rectidão, colaborando com a Administração, também esta deve actuar de modo a não defraudar as legítimas expectativas que ela própria criou nos particulares (princípio da protecção da confiança)[57].

Referindo-nos, neste âmbito, sobretudo às obrigações que deste princípio decorrem para a Administração (apesar de, como vimos, também modelar a posição contratual dos concorrentes ou contraentes privados que, desde logo, sempre que apresentem propostas o devem fazer de forma séria e incondicional), esta deve fixar todos os elementos exigíveis

---

[55] Barbosa de Melo/Alves Correia, *Contrato*, cit., p. 10.

[56] Cf. Mário Esteves de Oliveira/Pedro Gonçalves/Pacheco de Amorim, *Código*, cit., p. 109.

[57] A densificação da disciplina jurídica do *iter* de formação de um contrato (até ao momento da respectiva celebração) pelo princípio da boa fé assume relevância no próprio direito privado, ao nível da designada responsabilidade pré-contratual – sobre esta matéria, *v.* Mota Pinto, *Responsabilidade Pré-Negocial pela Não Conclusão dos Contratos*, Coimbra, Coimbra Editora, 1963, *passim*.

e relevantes no acto de abertura do concurso, devendo manter este quadro inalterado ao longo de todo o procedimento e fundar a decisão final deste nos critérios inicialmente definidos, sob pena de incorrer em ilegalidade. De facto, é este quadro que serve de referência e orientação para os concorrentes, que apresentam as suas propostas contando com a definição clara, precisa e estável das regras processuais e materiais de actuação da Administração. Mas também é ele que permite a formulação de uma decisão de não apresentação de propostas, pelo que este princípio assume um relevo que excede o número dos interessados que efectivamente se apresentaram a concurso.

Neste sentido se justifica também que a celebração do contrato tenha de obedecer, ainda que se admitam algumas variações, aos critérios de adjudicação fixados, de forma a que se configure o mesmo como o acto lógico final do procedimento contratual, não defraudando, assim, expectativas dos demais interessados.

Por fim, também a partir do momento em que tenham sido apresentadas as propostas, a Administração perde a faculdade de desistência da contratação, que apenas poderá exercitar nos casos expressamente previstos na lei, precisamente em virtude da cristalização de expectativas ocorridas em torno de tal procedimento contratual e da sua finalização.

Este princípio a que aqui nos referimos de forma "unificada" conhece, no Decreto-Lei n.º 197/99, um tratamento dual, pois encontra-se disperso pelas normas dos seus artigos 13.º e 14.º, sob as epígrafes de princípio da boa fé e de princípio da estabilidade. No entanto, como este último tem fundamento essencialmente no primeiro e a ele nos refiramos, ainda que com um teor normativo diferenciado, na parte relativa aos princípios que enformam a "vida" do contrato, não utilizamos aqui esta distinção.

Celebrado o contrato, a condução das relações contratuais deve igualmente ser pautada pelo dever de boa fé e de protecção da confiança legítima dos administrados, podendo a sua violação dar lugar, eventualmente e cumpridos os pressupostos que permitam fundar um dano tendo por base esta lesão, a uma indemnização por dano da confiança.

2. Princípios relativos à formação dos contratos

Os princípios a que nos referiremos nesta parte exercem, essencialmente, uma influência sensível na definição do procedimento pré-contratual a seguir, na modelação de alguns dos passos procedimentais ou na definição dos critérios e normas aplicáveis na escolha do co-contratante, na tomada da decisão de adjudicação e no momento da celebração do contrato[58]. Aliás, a própria existência de um procedimento destina-se não apenas a servir o contrato, mas também a garantir a submissão da Administração a um conjunto de princípios fundamentais[59], assim como a permitir a identificação de terceiros e a tutela de eventuais concorrentes preteridos[60] (cf. *infra*, 2.1., o que diremos a propósito do princípio da procedimentalização da actividade administrativa).

Debrucemo-nos então, sobre os princípios que assumem relevância primordial ou específica no plano da formação do contrato administrativo.

2.1. *Princípio da procedimentalização da actividade administrativa*

O procedimento administrativo constitui uma forma de racionalização da actividade administrativa e a arena onde se jogam os diversos interesses públicos e privados em presença – daí que o procedimento administrativo, mais que um «espaço de contraditório», se assuma como «espaço de contradição»[61]. Não se estranhe, pois, que o legislador constitucional tenha experimentado a necessidade de, no n.º 5 do artigo 267.º, incluir uma imposição legiferante[62] no sentido da elaboração de uma lei especial

---

[58] Incluindo também o momento da celebração do contrato na fase relativa à formação, *v.* Pedro Gonçalves, *O Contrato*, cit., pp. 89 e ss..

[59] Neste sentido, Jorge Pereira da Silva, "A Invalidade dos Contratos Administrativos", *Direito e Justiça*, vol. X, tomo 2, (1996), p. 116[47].

[60] Cf. Alexandra Leitão, *A Protecção de Terceiros no Contencioso dos Contratos da Administração Pública*, Almedina, Coimbra, 1998, p. 59. V. também da mesma Autora, *A Protecção Judicial dos Terceiros nos Contratos da Administração Pública*, Coimbra, Almedina, 2002, p. 49.

[61] Neste mesmo sentido, Mário Esteves de Oliveira/Pedro Gonçalves/Pacheco de Amorim, *Código*, cit., p. 37.

[62] Assim, Gomes Canotilho, "Procedimento Administrativo e Defesa do Ambiente", *Revista de Legislação e Jurisprudência*, ano 123.º, (1990-1991), p. 135.

Princípios Fundamentais da Contratação Pública 55

relativa ao «processamento da actividade administrativa», destinada a assegurar a racionalização dos meios a utilizar pelos serviços e a participação (ou, pelo menos, o direito a participar[63]) dos cidadãos na formação das decisões ou deliberações que lhes disserem respeito.

Ao remeter, no artigo 181.º do *CPA*, a formação do contrato administrativo para as regras procedimentais relativas ao acto, o legislador assinala, desde logo, dois aspectos fundamentais: por um lado, e ao contrário do que sucede no âmbito dos contratos de direito privado celebrados entre particulares, a existência de um conjunto de normas que disciplinam o *iter* dirigido à celebração do contrato, o qual possui uma relevância não despicienda em termos de organização e racionalização da actividade administrativa, com reflexos em sede da própria validade do contrato administrativo; por outro lado, a subordinação da formação do contrato a um procedimento de direito público, assumindo-se o contrato administrativo como o acto final do procedimento[64] (à semelhança do que sucede com o acto).

Se pensarmos nas funções apontadas genericamente ao procedimento administrativo[65] (pensadas em relação ao procedimento dirigido a um acto), concluímos que as mesmas se manifestam igualmente quando se trata da formação do contrato administrativo. Aliás, a norma constante do artigo 183.º do *CPA*, ao estabelecer como regra o recurso ao concurso público (a forma mais complexa do procedimento no âmbito dos designados contratos de colaboração), procura garantir quer a eficiência (na acepção de capacidade de prestação do sistema político-administrativo global quanto à densificação de princípios[66]), quer a participação dos interessados (*maxime*, dos concorrentes), quer a transparência, enquanto condição de controlabilidade do agir administrativo e de alcance de (um certo) consenso[67].

---

[63] Cf. Alexandra Leitão, *A Protecção*, cit., p. 51.

[64] Neste sentido, já Pedro Gonçalves, *O Contrato*, cit., p. 87.

[65] Sobre estas, *v.*, em geral, Gomes Canotilho, "Procedimento", cit., pp. 266 e ss.; João Loureiro, *O Procedimento Administrativo entre a Eficiência e a Garantia dos Particulares (Algumas Considerações)*, Coimbra, Boletim da Faculdade de Direito/Coimbra Editora, 1995, pp. 65 e ss..

[66] Gomes Canotilho, "Procedimento", cit., p. 269.

[67] Sobre a função de consenso do procedimento administrativo, cf. Gomes Canotilho, "Procedimento", cit., pp. 268 e ss..

2.2. Princípio da igualdade

Apesar de os sentidos normativos do princípio da igualdade terem evoluído ao longo do tempo, passando de um princípio meramente formal e de relevo limitado para um princípio material e enformador de todas as actuações públicas, é hoje comum identificá-lo com a exigência de tratamento igual de situações *essencial* ou *substancialmente* idênticas, e tratamento desigual de situações também elas desiguais, na medida dessa desigualdade[68].

A doutrina e jurisprudência[69] constitucionais portuguesas têm adoptado um conceito complexo de igualdade, distinguindo entre a dimensão da proibição do arbítrio (que a liga indelevelmente à imparcialidade, sem com ela se confundir[70]), que se refere à proibição de estabelecimento de diferenciações sem um fundamento racional que lhes subjaza, e outras duas dimensões, a proibição de discriminação e a promoção da igualdade de oportunidades ou obrigação de diferenciação.

O princípio da igualdade no plano contratual surge, essencialmente, como princípio de igualdade no acesso aos procedimentos, tendo influência na própria escolha destes (isto é, se se trata de um procedimento aberto ou fechado, assumindo uma preferência de princípio pelos primeiros, em especial pelo concurso público no artigo 183.º do *CPA*), definindo-se que os critérios decisivos para a tomada da decisão de contratação devem fundar-se em motivos objectivos e não em motivações ou características puramente subjectivas dos potenciais concorrentes ou adjudicatários (cf., designadamente, o disposto no artigo 9.º, n.º 1 do Decreto-Lei n.º 197/99).

De igual modo, na própria tramitação procedimental deve respeitar-se este princípio de igualdade, pela consideração em termos idênticos das propostas apresentadas e pela concessão das mesmas oportunidades de intervenção e pronúncia no seio do procedimento, o que se reflectirá na justeza da própria decisão de adjudicação.

---

[68] Relativamente ao conteúdo normativo do princípio da igualdade no âmbito do *decision making* administrativo, cf. BARBOSA DE MELO, "Introdução às Formas de Concentração Social", *Boletim da Faculdade de Direito*, vol. LX, (1984), pp. 113 e s..

[69] Sobre a jurisprudência constitucional relativa ao princípio da igualdade, *v.* JORGE REIS NOVAIS, *Os Princípios Constitucionais Estruturantes da República Portuguesa*, Coimbra, Coimbra Editora, 2004, pp. 115 e ss..

[70] Assim, VIEIRA DE ANDRADE, "A Imparcialidade da Administração como Princípio Constitucional", *Boletim da Faculdade de Direito*, vol. L, (1974), p. 229.

Por seu lado, o princípio da não discriminação é um princípio portador de uma específica dimensão valorativa, uma vez que impede, em qualquer momento do procedimento de contratação, diferenciações não justificadas que se baseiem em critérios suspeitos e censuráveis, como a origem étnica, o sexo, a religião, ou outros exemplificados no artigo 13.º da Constituição e no artigo 5.º do *CPA*. No que se refere à celebração de contratos administrativos internacionais de empreitadas ou de aquisição de bens e serviços, assume particular relevo o critério da nacionalidade, na medida em que se prevê que os nacionais da Comunidade Europeia, de países integrados no Espaço Económico Europeu, e os nacionais de países membros da Organização Mundial do Comércio não possam ser alvo de tratamento desigualitário.

Quanto à obrigação de diferenciação, terceira dimensão do princípio da igualdade – e a mais contestada, na medida em que permitiria a diferenciação ou, para alguns, a discriminação positiva de quem ostentasse uma categoria suspeita –, se não pode ter relevo directo na escolha do co-contratante da Administração, questiona-se de antemão se não poderá exercer alguma influência na selecção dos concorrentes ou na própria adjudicação, designadamente pela introdução de critérios de valorização das propostas ou ligados à promoção de objectivos da igualdade social.

No momento da vida do contrato, porém, é menor o relevo deferido ao princípio da igualdade, na medida em que a celebração da maioria dos contratos administrativos se encontra marcada por uma desigualdade genética reflectida na diversa posição dos contratantes. Neste âmbito, como veremos, o papel desempenhado pelo princípio da igualdade "jurídica" no plano da formação do contrato é essencialmente assumido, durante a sua execução, pelo princípio da igualdade "prestacional" (cf. *infra*).

2.3. *Princípio da proporcionalidade*

De acordo com a sistematização recorrente[71], são três os testes parcelares deste princípio: o teste da adequação, o teste da necessidade e o teste da proporcionalidade em sentido estrito. O primeiro teste ter-se-á por superado sempre que a medida adoptada seja idónea ou apta à obten-

---

[71] *V.*, por todos, FREITAS DO AMARAL, *Curso*, cit., pp. 129 e ss..

ção da finalidade eleita; o segundo será ultrapassado sempre que a medida provoque um mínimo de interferência nos direitos, interesses e bens jurídicos que se prevê poderem ser lesados; enquanto que o terceiro teste implica a mobilização de um juízo de ponderação entre custos e benefícios decorrentes da tomada de uma decisão.

Apesar de o artigo 5.º do *CPA* apenas se referir a este princípio numa dimensão negativa, de defesa dos particulares contra decisões da Administração que afectem os seus direitos ou interesses legalmente protegidos, aceita-se actualmente que este princípio enforme não apenas a totalidade da actuação administrativa unilateral, mas igualmente a sua actuação bilateral.

Deste modo, e em primeiro lugar, a própria escolha do procedimento e a definição dos trâmites procedimentais a seguir (quando tal não resulte imperativamente da lei), assim como a definição das especificações técnico-jurídicas a respeitar devem passar pelo crivo da sua necessidade e de uma análise de custos (para os interesses dos concorrentes e para a própria Administração, por exemplo em termos de morosidade procedimental) e benefícios (para o interesse público divisado pela Administração) que demonstre, *in fine,* a proporcionalidade da opção a tomar.

Em segundo lugar, o princípio da proporcionalidade conhece um alcance não despiciendo ao nível do momento da celebração do contrato e, mais precisamente, em sede do clausulado contratual. Tal sucede, sobretudo, no âmbito dos contratos administrativos de subordinação, porquanto não é legítimo à Administração, munindo-se da sua especial posição, impor obrigações desnecessárias ou irrazoáveis aos concorrentes ou à contraparte, quer em termos de condução procedimental, quer na modelação do conteúdo do próprio contrato (e isto apesar das dúvidas que, como vimos, se levantam quanto à existência do n.º 2 do artigo 179.º do *CPA*). Com efeito, quando se trate de fixar o conteúdo contratual, não pode o co-contratante particular ficar submetido a prestações desproporcionadas, mesmo quando se trate de contratos (atípicos) com objecto de acto administrativo: nesta hipótese, a contraprestação estará sempre limitada pelo *fim* determinante da atribuição do poder discricionário à Administração[72].

---

[72] *V.* J. M. Sérvulo Correia, *Legalidade,* cit., pp. 744 e ss..

2.4. Princípio da imparcialidade

Este princípio, previsto, em geral, no artigo 6.º do *CPA* e no n.º 2 do artigo 266.º da CRP, proíbe a Administração de ser motivada por razões de favorecimento ou hostilidade em relação a qualquer particular ou interesses específicos, mas apenas em critérios próprios, adequados ao cumprimento das suas funções, critérios esses não distorcidos ou substituídos por influências de interesses estranhas à prossecução dos fins da entidade pública[73].

Tal princípio refere-se ainda a exigências relativas aos aspectos exteriores da formação da decisão (reflectidas, por exemplo, no estabelecimento de situações de impedimento nos procedimentos contratuais), encontrando-se intimamente conexionado com o princípio da ponderação de bens e interesses que inscreve um mecanismo metodológico de garantia da imparcialidade na decisão final do procedimento contratual (neste sentido, artigo 11.º, n.º 1, do Decreto-Lei n.º 197/99).

Este princípio, tal como o da igualdade, liga-se a exigências que, no plano contratual, se enquadram essencialmente num esquema concorrencial, como acontece no nosso ordenamento jurídico com a maioria dos contratos administrativos: aqueles que se movem num ambiente de pluralidade potencial de interessados. Diferentemente, nos contratos concluídos *intuitu personae* (categorização esta que tende a ser limitada a formas contratuais específicas), a consideração destes princípios assume-se de valia mais limitada, na medida em que a infungibilidade do co-contratante da Administração impede a formulação de considerações que são essencialmente de índole relacional.

2.5. Princípio da concorrência

Este princípio, especialmente relevante no plano dos procedimentos concursais, vai decrescendo em termos de relevância consoante a limitação do grau de abertura dos procedimentos mobilizados, encontrando-se excluído nas hipóteses de ajuste directo.

---

[73] Cf. VIEIRA DE ANDRADE, "A Imparcialidade", cit., pp. 224 e s..

A sua definição e teleologia, porém, é difícil de circunscrever, sobretudo se cotejado com a intencionalidade normativa dos princípios da igualdade, da proporcionalidade e da imparcialidade já expostos, e dos princípios da eficácia e eficiência, assumindo-se essencialmente como uma opção normativa que pretende a compatibilização, em situações concretas, de todos aqueles interesses e valores. Veja-se, ilustrando esta dificuldade de distinção, o disposto no artigo 10.º do Decreto-Lei n.º 197/99, que define este princípio de uma forma genérica e pouco conclusiva, remetendo-o para um princípio de acesso o mais amplo possível ao procedimento, exigência esta que, se é um pressuposto do mesmo, não o esgota. No entanto, trata-se de mais um bordão normativo que impele à adopção, salvo em situações devidamente justificadas, de procedimentos contratuais o mais abertos possíveis, presumindo, em geral, que a melhor forma de satisfazer o interesse público divisado se liga ao funcionamento dos mecanismos de mercado, numa lógica de subsidiariedade, e não de uma qualquer visão centralizadora e proteccionista que desemboca no privilégio de um ou alguns dos potenciais parceiros da Administração.

Usual é ainda subdividir-se em duas as sedes principais de relevância deste princípio, ligando-o intimamente às exigências procedimentais de comparabilidade das propostas e de intangibilidade das mesmas.

No primeiro caso, exige-se que os critérios fixados o sejam com a generalidade, completude e precisão suficientes para que as propostas apresentadas se refiram à mesma realidade e que esta, desde logo para efeitos de ponderação e pontuação, possa ser alvo de comparação ou cotejo.

No segundo, salvo nos procedimentos por negociação ou, no âmbito dos procedimentos concursais que admitam propostas condicionais ou com variantes, estabelece-se a regra de que as propostas são imutáveis até que haja adjudicação ou decorra o respectivo prazo de validade de tal declaração. Caso contrário, a possibilidade de alteração de propostas ao longo do procedimento poderia facilmente introduzir dados que se furtariam aos processos públicos exigíveis, dificultando a tarefa de ponderação a cargo da entidade administrativa.

2.6. Princípio da participação

Os particulares, seja individual, seja colectivamente, sempre participaram na condução da actividade administrativa, normalmente através de uma colaboração directa dos mesmos no exercício das actividades administrativas, como sucede com os funcionários e agentes da Administração, os concessionários e as entidades privadas de interesse público.

É inegável, por isso, o relevo deste princípio no plano contratual, na medida em que grande parte dos exercícios de associação dos particulares à realização dos fins administrativos decorrem da utilização da figura contratual[74] – e, repare-se, a colaboração dos particulares não se reconduz, neste horizonte, ao simples desempenho de operações materiais, mas envolve também o exercício de poderes públicos – como sucede nos contratos em que a Administração se obriga à prática de um ou mais actos administrativos ou, em geral, nos contratos com objecto passível de acto administrativo expressamente admitidos pela alínea *a)* do n.º 3 do artigo 185.º do *CPA*][75]. Mas, para além deste elemento constitutivo da própria noção de contrato, a participação dos particulares interessados no âmbito do procedimento contratual é de grande relevância, na medida em que este depende também dos impulsos procedimentais que deles emanam (*v. g.*, pedidos de esclarecimento e apresentação de reclamações) ou implica o seu chamamento individual (*v. g.*, nas hipóteses em que haja lugar a audiência prévia dos interessados). Naturalmente, este princípio encontra-se intimamente ligado ao direito de informação procedimental, designadamente ao acesso aos documentos base do concurso e ao conhecimento do faseamento deste, para que tal participação possa ocorrer oportuna e esclarecidamente.

Assim, cada vez menos os privados são vistos como meros "destinatários" ou "objecto" das prescrições administrativas, para serem considerados como *sujeitos* imprescindíveis e colaboradores da mesma, tanto considerando a definição dos termos da regulamentação administrativa,

---

[74] Cf. Pedro Gonçalves, *Entidades Privadas*, cit., pp. 330 e s.; *v.* ainda Barbosa de Melo, "Introdução", cit., pp. 92 e ss., Casalta Nabais, *Contratos*, cit., pp. 138 e ss..

[75] No que tange aos contratos sobre o exercício de poderes públicos, *v.* Pedro Gonçalves, *O Contrato*, cit., pp. 76 e ss., e *Entidades Privadas*, cit., pp. 686 e ss.. Relativamente ao exercício contratual da discricionariedade administrativa, cf. J. M. Sérvulo Correia, *Legalidade*, cit., pp. 739 e ss..

como a execução da mesma. Compreende-se, deste modo, a referência a esta colaboração ou participação dos particulares tanto no artigo 7.º, como no artigo 8.º do *CPA*.

2.7. *Princípio da abertura da Administração*

Este princípio, ligando-se intimamente à promoção da participação dos particulares e dos demais princípios analisados, assume particular relevo como elemento agregador de exigências da actuação da Administração que visam promover a abertura da Administração para o exterior, através da disponibilização de informação ou da divulgação das suas intervenções. São elas as exigências de publicidade e de transparência, que conhecem uma consagração constitucional expressa nos n.ºs 1 e 2 do artigo 268.º, surgindo, no plano contratual, acopladas no artigo 8.º do Decreto-Lei n.º 197/99.

A exigência de publicidade reflecte-se, neste âmbito, na necessidade de publicação e de publicitação do início do procedimento concursal e dos seus principais elementos, publicitação essa que possa ser acessível a todos os potenciais interessados no mesmo (o que justifica que, em alguns tipos contratuais, se tenha de elevar o conhecimento do procedimento contratual ao plano comunitário, pela sua divulgação no *Jornal Oficial da União Europeia*). Mas reflecte-se igualmente na existência de "actos públicos" nos procedimentos concursais, que decorrem perante os interessados, sempre que estes possam assumir um relevo conformador externo do mesmo.

Por seu turno, o princípio da transparência é um supraconceito que envolve também ele exigências complexas quanto à actuação da Administração, que se reflectem na necessidade já analisada de publicitação e notificação, quando necessária, dos actos relevantes praticados no seio do procedimento contratual, de informação cabal e clara do decurso do mesmo e de fundamentação dos actos administrativos que nele sejam adoptados. Trata-se, enfim de uma exigência global de *good governance*, que deve reflectir um novo "modo de ser e de agir" da Administração que, de ente fechado sobre si mesmo, se abre a todos os contributos que permitam a melhoria da sua intervenção e presta contas sobre a sua actuação perante o auditório jurídico.

2.8. Princípios da economia, eficácia e eficiência

Analisando estes conceitos de forma pormenorizada, economia significa poupança ou racionalização de recursos, eficácia a quota de realização efectiva dos fins da organização programados para o período considerado e eficiência a realização de tais objectivos com um mínimo de custos e de efeitos prejudiciais ou perversos (em termos de tempo, de meios humanos, materiais, financeiros, etc.). Tendo em vista a prossecução dos fins heteronomamente definidos, o órgão deverá para tanto escolher o meio mais conveniente, no sentido de o melhor meio, o meio justo ou óptimo[76/77].

Estamos, em qualquer um dos casos, perante condições essenciais de legitimação, pelo menos social, da actuação administrativa, que muito relevo assumem no plano contratual, enformando a própria escolha do co-contratante da Administração e dos critérios e procedimentos que para tal são mobilizados, apontando no sentido da sua simplificação e desburocratização. De igual modo, pode-se fundar, pelo menos parcialmente, nestes princípios, uma tendência crescente para o aproveitamento procedimental ou de alguns actos procedimentais, sempre que vicissitudes aliadas a um determinado procedimento determinem que o mesmo ou alguns dos actos nele praticados seja repetido.

3. Princípios relativos à vida (execução) dos contratos

Neste âmbito, da celebração e vida do contrato, manifesta-se, desde logo, a importância da realização do acordo ou "mútuo consenso" gerado entre as partes, pelo que os princípios que a enformam são em grande medida princípios de direito contratual privado, como sucede com o princípio *pacta sunt servanda*, que aqui designamos de princípio da estabilidade do

---

[76] ROGÉRIO SOARES, *Interesse Público, Legalidade e Mérito*, Coimbra, s. n., 1955, p. 189.

[77] Repare-se, até, que, do ponto de vista constitucional, a eficácia constitui um limite aos imperativos da descentralização e da desconcentração administrativas – cf. artigo 267.º, n.º 2, da *CRP*. Nesta medida, e tal como acentuam GOMES CANOTILHO/VITAL MOREIRA (*Constituição da República Portuguesa Anotada*, Coimbra, Coimbra Editora, 1993[3], p. 928), a eficácia constitui uma dimensão estruturante do *princípio da boa administração*, a exigir o exercício da função administrativa de forma eficiente (e congruente).

contrato, ou mesmo com o princípio da autonomia contratual, agora numa perspectiva de direito privado, no que se refere às condições de emanação da declaração negocial do contraente privado da Administração.

Porém, o facto de este acordo ter como objecto uma "relação jurídica administrativa" conduz a que se afirme a importância essencial e modeladora de normas de direito administrativo e, de entre elas, de princípios jurídicos que vinculam a actividade relacional da Administração.

Como também já aventámos, princípios há que têm uma refracção tanto no âmbito da formação do contrato como no plano da sua execução, ainda que assumindo concretizações normativas diversas em ambas as sedes, ao que se acrescenta que o exercício de determinados poderes unilaterais de modificação ou extinção da relação jurídica contratual conferidos pela lei ou pelo contrato por parte do contraente administrativo implica, em grande medida, uma articulação íntima dos princípios que divisámos para a formação do mesmo com aqueles a que nos referiremos nesta parte.

3.1. *Princípio da estabilidade dos contratos*

O princípio da estabilidade contratual assume-se, no plano dos contratos administrativos, como o princípio paralelo, inscrito no n.º 1 do artigo 406.º do Código Civil, segundo o qual os contratos celebrados devem ser pontual e integralmente cumpridos pelas partes (princípio *pacta sunt servanda*).

Assentando o contrato administrativo num acordo ou acerto de vontades em grande medida contrapostas, é essencial, para que se tenda para o seu efectivo cumprimento, que o equilíbrio de interesses manifestado no conteúdo contratual e que permitiu que se tivesse gerado o "mútuo consenso", requisito fundamental do contrato administrativo, se mantenha ao longo de toda a vida deste. De facto, uma extrema mutabilidade do conteúdo contratual que se encontrasse na total e ilimitada disponibilidade de uma das partes (mesmo que uma delas seja uma entidade pública) lesaria de tal forma as expectativas na estabilidade do contrato administrativo que implicaria o retrocesso da própria utilização desta figura.

Tal não equivale a dizer que o contrato administrativo é inalterável (tal como também não se revela legítimo considerar hodiernamente que constitui esta uma característica típica dos contratos de direito privado), na medida em que àqueles está associada uma nota de dinamismo decorrente da sua íntima associação à noção de interesse público (cf. *supra* 1.3.).

Esta asserção não dispensa duas observações complementares. Por um lado, e não obstante a possibilidade de modificação contratual, existe sempre o limite respeitante à imodificabilidade do objecto do contrato [cf. artigo 180.º, alínea *a)*, do *CPA*], limite esse que não é senão uma manifestação do princípio da estabilidade do contrato ora em análise. Por outro lado, sempre que o equilíbrio de interesses que fundou a intenção de contratar seja afectado, tal dará lugar a consequências financeiras ou indemnizatórias a que nos referiremos subsequentemente.

3.2. *Princípio do equilíbrio financeiro (prestacional) do contrato*

Este princípio assume-se como o *punctum crucis* da lógica dos contratos administrativos, na medida em que permite fazer a ligação entre princípios aparentemente contraditórios como os princípios da autonomia contratual pública da Administração e da vinculação negocial desta e os princípios da prossecução do interesse público e da mutabilidade deste.

Ora, deste princípio decorre a obrigação para a Administração de repor o equilíbrio financeiro do contrato, sempre que imponha, durante a execução do contrato, obrigações ao contraente privado que, sendo legítimas, lhe causem prejuízos que de outra forma ele não teria de suportar – daí que também se lhe atribua a designação de *"cláusula de remuneração"*[78].

Este princípio visa assegurar, assim, tanto a efectiva realização das prestações consideradas essenciais para a Administração, em face da sua perspectivação das exigências de interesse público, como a manutenção do interesse do contraente privado na execução do contrato, na medida em que tem a garantia de que não vai ficar lesado pelo exercício da faculdade de modificação do conteúdo ou de rescisão do contrato que assiste unilateralmente à Administração – está, por isso, também em causa um *princípio de interdependência dos interesses empenhados no contrato*, a implicar que nenhuma das partes possa obter da outra

---

[78] Cf. BARBOSA DE MELO/ALVES CORREIA, *Contrato*, cit., pp. 10 e s., que se referem à cláusula de sujeição como contrapolo do princípio do equilíbrio financeiro.

uma vantagem, sem lhe dar a compensação devida[79]. Daí que aos poderes de modificação unilateral do conteúdo das prestações ou de rescisão por motivo de interesse público conferidos à entidade pública contratante corresponda o direito de indemnização do contraente privado pelos danos sofridos em consequência dessa alteração pelos danos emergentes e lucros cessantes decorrentes da rescisão [cf., em geral, o artigo 180.º, alíneas *a)* e *c)*, do *CPA* e, quanto à empreitada de obras públicas, os artigos 160.º, n.º 1, e 234.º, n.ᵒˢ 1, 2, 4 e 5 do Decreto-Lei n.º 59/99].

A exigência de equilíbrio prestacional ou financeiro do contrato, surgindo como limite à actuação impositiva da Administração no plano da execução dos contratos e como defesa do co-contratante desta na manutenção da sua perspectiva de remuneração inicialmente divisada, não abrange porém situações que decorrem do "risco normal" associado à mobilização de uma determinada figura contratual (pense-se, por exemplo, numa concessão de obra ou serviço público) ou de uma determinada forma de pagamento (o que sucede, sobretudo, do ponto de vista do risco assumido pelo co-contratante da Administração, nas empreitadas por preço fixo). Nestes casos, o risco não corre por conta da Administração, já que não foi por ela motivado, mas pelo próprio co-contratante que o deveria ter previsto no momento da elaboração da sua proposta.

3.3. *Princípio da responsabilidade*

Este princípio surge no plano contratual como um critério modelador da actuação da Administração, tanto no que se refere ao respeito que por esta é devido ao princípio da prossecução do interesse público e ao da juridicidade da sua actuação, como no que se atém às relações contratuais estabelecidas com o contratante.

Na primeira hipótese, a expressamente prevista no artigo 15.º do Decreto-Lei n.º 197/99, clarifica-se a possibilidade de imputação de responsabilidade a vários títulos (civil, financeira, disciplinar, contraordenacional, penal ou mesmo política) aos funcionários, agentes e aos titulares de cargos políticos que pratiquem actos que resultem em violação do disposto nos instrumentos legais ou regulamentares que enformam os

---

[79] Assim, Marcello Caetano, *Manual*, cit., p. 621.

Princípios Fundamentais da Contratação Pública 67

procedimentos contratuais. Mas dela decorre, igualmente, a necessidade de assunção e de manutenção na esfera da Administração (ou de entidades legalmente criadas para o efeito) do dever de fiscalização da observância das normas legais e regulamentares e do cumprimento das cláusulas contratuais, devendo, sempre que constatar situações de ilegalidade ou irregularidade, encaminhá-las no sentido da sua efectiva repressão ou prevenção. É, assim, este dever de fiscalização ou controlo que se assume como um último reduto inarredável dos poderes da Administração no âmbito contratual[80].

No que toca à responsabilidade da Administração em face dos seus co-contratantes, este dever que sobre aquela impende reflecte-se, em grande medida, num núcleo amplo de situações em que, dependendo do tipo contratual e da situação concreta verificada, esta assume o dever de repor a situação *ex ante* ou de indemnizar aqueles, pelos prejuízos decorrentes da sua actuação ou omissão. Reflecte-se, ainda, na admissibilidade de algumas hipóteses de desvinculação contratual legítima do contraente privado, em situações em que a Administração pretenda impor-lhe ónus ou obrigações desproporcionais ou não relacionadas com o objecto do contrato celebrado.

---

[80] Actualmente, também os concorrentes preteridos no concurso que precedeu a celebração do contrato possuem, em certa medida, uma possibilidade de «fiscalização» da execução do contrato, contribuindo para o aperfeiçoamento da transparência administrativa nesta matéria – assim se pode compreender a extensão a terceiros da legitimidade processual activa das acções relativas à execução do contrato (neste sentido, Pedro Gonçalves, *O Contrato*, cit., p. 157).

CAPÍTULO IV

Levantamento e Sistematização das Infracções Detectadas pela IGAT

No presente capítulo, procede-se à criteriosa análise dos excertos dos relatórios inspectivos que nos foram remetidos pela IGAT, procurando extrair as infracções relevantes que serão, na sua grande maioria, objecto de enquadramento jurídico no capítulo seguinte.

Tendo em consideração que a maioria das acções inspectivas realizadas ocorreu no âmbito da vigência de vários diplomas que se foram sucedendo – havendo-se, por isso, levantado dúvidas quanto à sua aplicação no tempo –, encontramos situações de infracção que, ou porque deixaram de corresponder a exigências legais, ou porque foram esclarecidas, perderam razão de ser em virtude da entretanto ocorrida alteração de legislação pertinente. Veremos, mais tarde, que estas hipóteses são múltiplas no domínio dos contratos administrativos, em consequência da elaboração dogmática a que proveitosamente, no nosso país ou além fronteiras, têm sido submetidos.

Neste capítulo, porém, faremos o levantamento de todas as infracções detectadas sem nos pronunciarmos sobre a sua relevância. Naturalmente, centrar-nos-emos nas questões que, em face do quadro jurídico actualmente vigente, continuam a ter relevância jurídica, em especial sobre aquelas que se ligam à existência, omissão ou à realização criativa no caso concreto das normas legislativas e administrativas vigentes.

Quanto à metodologia, sistematizaremos as situações qualificadas como infracções em conformidade com o critério que a própria IGAT segue nos seus relatórios de inspecção (tipo contratual envolvido). Nestes termos, dividiremos a apresentação subsequente em quatro itens fundamentais:

(A) Contratos de empreitada de obras públicas;
(B) Contratos de aquisição de bens e serviços;
(C) Concessões;
(D) Outras figuras contratuais.

A sistematização baseada num critério que atende ao tipo contratual irá, decerto, originar casos de repetição de situações irregulares com a mesma configuração e da mesma natureza (*v. g.*, irregularidades do mesmo tipo nos procedimentos de formação de contratos de empreitada e nos de aquisição de bens e serviços). Reconhecendo embora isso, entendeu-se, ainda assim, que o critério se revela idóneo e útil para apresentar uma ordenação coerente, uma vez que, apesar da repetição dos vícios, nem sempre a legislação infringida é a mesma: por vezes, importará exactamente enfatizar o facto de uma prática incorrecta no âmbito da formação de um determinado contrato ser também incorrecta à luz da lei que disciplina outro tipo contratual.

A primeira leitura dos relatórios conduz à conclusão imediata de que as situações irregulares detectadas se localizam essencialmente no procedimento administrativo de *formação* ou no momento da *execução* dos contratos públicos autárquicos.

Sem nos determos, neste momento com a qualificação jurídica, continuaremos a designar como "situações irregulares" as infracções detectadas.

Apresentemos, então, a lista das infracções detectadas nos vários relatórios inspectivos que cobrem naturalmente um âmbito espacial alargado, mas igualmente um âmbito temporal amplo, agrupando-as, dentro de cada parte, em função do momento chave do procedimento complexo de contratação em causa e, em regra, da sua concretização.

A) Empreitadas de Obras Públicas

1. Âmbito do contrato de empreitada

- Caderno de encargos de uma empreitada que previa o fornecimento de uma viatura tipo *jeep* para a fiscalização da empreitada, mas que parece uma cláusula ilegal, porque se refere ao fornecimento de bens que não servem apenas aquela empreitada;

- Sistemáticas reclamações por erros e omissões nas empreitadas por preço global, o que aumenta consideravelmente o valor final das mesmas;

2. Escolha do procedimento pré-contratual

- Falta de explicitação, no programa de concurso e caderno de encargos, sobre se o concurso limitado é realizado com ou sem apresentação de candidaturas;
- Insuficiência de fundamentação de decisões de recurso a ajuste directo;
- Deliberações de órgãos deliberativos, com carácter genérico (e não casuisticamente), no sentido de dispensar a realização de concurso público;
- Divisão da empreitada em lotes e divisão dos trabalhos previstos na empreitada inicial e dos trabalhos a mais em duas empreitadas, sendo a segunda empreitada adjudicada por ajuste directo à entidade responsável pela primeira;
- Definição de um montante mínimo para a realização de concurso limitado, o que contraria o preceituado na lei, que não estabelece qualquer montante mínimo;
- Escolha do procedimento de concurso limitado, ainda que o preço estimado e o preço contratual estejam muito acima do limite legal;
- Não foi respeitado o prazo estabelecido para a apresentação de propostas no concurso limitado sem apresentação de candidaturas, sem se ter alegado motivos de urgência;
- Concurso limitado convertido automaticamente em procedimento por negociação, em virtude de ter havido apenas um concorrente que apresentou uma proposta com um valor muito elevado relativamente ao preço base do concurso, sem que tenha sido anulado e aberto este segundo;
- Embora o preço base seja fixado abaixo do valor de referência que permitia escolha do procedimento de concurso limitado sem apresentação de candidaturas, apenas uma das propostas apresentadas se situava dentro desse limite;
- Convites a entidades que não estavam em condições de concorrer, de forma a perfazer o número legalmente exigido;

- Ajuste directo com fundamento no facto de o anterior concurso ter ficado deserto, sem que o objecto da empreitada a adjudicar seja o mesmo nos dois procedimentos;
- Ajuste directo sem fundamento em qualquer das situações previstas na lei;
- Ajuste directo com fundamento em urgência, embora na execução da obra sejam depois concedidas diversas prorrogações;

3. Procedimento pré-contratual

a. Abertura do concurso, programa de concurso e caderno de encargos
- Falta de deliberação do executivo quanto à abertura de um concurso de empreitadas, apesar de estar prevista no plano de actividades;
- Ausência das deliberações camarárias que aprovam elementos fundamentais do concurso, designadamente o caderno de encargos, o projecto e o programa de concurso;
- Preterição da exigência de publicação do aviso de abertura dos concursos num jornal da região e da sua afixação por edital;
- Não explicitação no aviso de abertura do concurso (mas simples remissão para a lei) dos critérios de adjudicação, sua importância e ponderação;
- Falta de escolha de critérios ou factores de ponderação enunciados exemplificativamente na lei e da sua individualização clara;
- Prazo concedido para apresentação de propostas inferior ao mínimo legalmente estabelecido;

b. Qualificação dos concorrentes
- Falta de envio das informações requeridas pelo Decreto-Lei n.º 100/88, de 23 de Março, à então Comissão de Alvarás de Empresas de Obras Públicas e Particulares;
- Destrinça pouco clara entre as fases de habilitação dos concorrentes e apreciação das propostas com vista à adjudicação;

c. Acto público e análise das propostas
- Nomeação de uma comissão de abertura de propostas na vigência do Decreto-Lei n.º 390/82, de 17 de Setembro, que fazia impender tal competência sobre o órgão executivo da autarquia;

Levantamento e Sistematização das Infracções Detectadas...   73

- Existência, no acto de abertura das propostas, de parecer técnico elaborado sobre as mesmas;
- Não foi assegurada a assistência ao acto público do concurso do Procurador Geral da República ou de um seu representante, nos casos em que o valor das empreitadas assim o determinava;
- Ausência de ordenação das propostas;
- A apreciação das propostas e a respectiva ordenação são feitas por uma comissão constituída por autarcas que, mais tarde, votam na reunião do executivo que determina a adjudicação;

d. Audiência prévia
- Falta de audiência dos concorrentes preteridos;
- Prazo demasiado curto para a realização da audiência prévia, sem indicação de motivo de urgência;

e. Adjudicação
- Falta de fundamentação ou fundamentação insuficiente da decisão de adjudicação por mera remissão para os critérios genericamente estabelecidos no programa e no anúncio de concurso e não pelo cotejo expresso das várias propostas apresentadas;
- Decisão de adjudicar anterior ou simultânea ao parecer dos serviços técnicos;
- Desconsideração do critério de adjudicação que obrigava a fazer a adjudicação à proposta correspondente ao preço mais baixo;
- Incumprimento dos prazos de notificação aos concorrentes preteridos;
- Fundamentação com base em factores de ponderação que não constam do programa de concurso;
- Notificação da adjudicação aos concorrentes preteridos antes de prestada caução pelo adjudicatário;
- Comunicação da adjudicação ao adjudicatário por carta simples (e não registada com aviso de recepção);
- Aprovação camarária de proposta de adjudicação de empreitada sem conhecimento dos fundamentos invocados;
- Adjudicação tomada com carácter de urgência pela proximidade do Inverno (em 18 de Outubro), muito embora o contrato só tenha sido celebrado em 09 de Janeiro e o primeiro auto de medições seja datado de 25 de Maio;

- Adjudicação a concorrente que não preenchia as condições constantes do programa de concurso;
- Prática de actos de adjudicação pelo Presidente da Câmara Municipal, apesar de a lei especial continuar a cometer tal competência ao órgão executivo colegial da autarquia;
- Adjudicação de empreitadas a propostas de valor inferior em mais de 15% à média aritmética do valor das propostas apresentadas a concurso, não se fundamentando a adjudicação em nota justificativa do preço proposto;
- Ausência de notificação da adjudicação aos concorrentes preteridos ou realização da mesma antes do decurso do prazo para o adjudicatário prestar caução e sem que constem os prazos, local e horas em que se encontra disponível para consulta pública o relatório justificativo da decisão tomada;
- A notificação aos concorrentes preteridos ocorreu após a celebração do contrato e não imediatamente a seguir à adjudicação;
- Falta da notificação simultânea ao concorrente preferido da adjudicação e da obrigação de prestar caução;

f. Celebração do contrato, prestação da caução e garantias
- Celebração de contratos por escritura pública quando a lei não exige tal forma;
- O prazo de 6 dias para efectuar a caução após a adjudicação nem sempre tem sido respeitado, o que poderá implicar a caducidade desta;
- Ausência de prestação de caução;
- Mediação de tempo excessivo entre a adjudicação e a celebração do respectivo contrato (um ano);
- Celebração do contrato para além do prazo de trinta dias contados da data da prestação da caução;
- Deficiências no articulado do contrato: omissão do prazo de garantia, falta de menção do prazo de execução da obra, falta de indicação do dia, mês, ano e lugar da celebração do contrato;
- Deliberações ilegais que aprovam a alteração do prazo de garantia de 2 anos para 6 meses após a celebração do contrato;
- Prestação de garantias bancárias com prazo fixo ou com possibilidade de denúncia por parte do garante;

Levantamento e Sistematização das Infracções Detectadas...   75

- Garantias bancárias prestadas por prazo igual ao contratualmente estabelecido para a execução da empreitada, prejudicando a sua função de garantia do pontual cumprimento das obrigações contratualmente assumidas;
- Alteração, mediante contrato, do prazo de execução previsto no caderno de encargos;
- Inexistência de aprovação e remessa ao concorrente de minuta do contrato;
- Prestação tardia de caução quanto à celebração de trabalhos a mais;
- Não prestação da caução pelo empreiteiro dentro do prazo legal;

4. Tipos de empreitada

- Determinação, no caderno de encargos e nos respectivos contratos, da realização da empreitada por preço global, quando a mesma ocorreu na modalidade de série de preços;

5. Execução do contrato de empreitada

a. Consignação da obra e plano de trabalhos
- Início dos trabalhos antes da consignação;
- Falta de notificação do empreiteiro do dia, hora e lugar em que o empreiteiro se deve apresentar para efeitos de consignação;
- Notificação mediante correio simples do dia, hora e lugar em que o empreiteiro deve comparecer para efeitos de consignação, quando devia ter sido efectuada por carta registada com aviso de recepção;
- Desrespeito do prazo de consignação da obra após a celebração do contrato;
- O auto de consignação não foi elaborado no prazo legal posterior à celebração do contrato ou não foi de todo elaborado (o que levanta problemas quanto à revisão de preços e multas contratuais), determinando-se, por vezes, que a escritura substitui, para todos os efeitos, o mesmo;
- Falta de apresentação pelos empreiteiros dos planos definitivos de trabalhos, onde se inclui obrigatoriamente o correspondente plano de pagamentos;

b. Medições, prorrogação do prazo, suspensão dos trabalhos e pagamentos

Medições
- Ausência da elaboração de autos de medição;
- Irregularidade na elaboração dos autos de medição, pois a sua periodicidade não foi mensal: ou são realizados esporadicamente, ou em datas muito próximos, chegando a ocorrer dois no mesmo dia;
- Autos de medição elaborados em impressos do empreiteiro, presumindo-se que as medições foram feitas pelo próprio;
- Autos de medição elaborados pelo empreiteiro e confirmados pelo dono da obra, devendo antes ser elaborados pelo fiscal da obra, embora com a assistência do empreiteiro, ou então elaborados por aquele, mas sem assistência deste;
- Autos de medição que não correspondem a trabalhos efectivamente realizados;
- Medição efectuada pelo empreiteiro;
- Infracção das regras de periodicidade de elaboração dos autos de medições;
- Autos de medição não assinados pelos intervenientes;
- Autos de medição cujo conteúdo não respeita as disposições legais em vigor, designadamente porque do seu texto não consta a data em que é feito ou a identificação do técnico;

Prorrogação do prazo
- Não foram solicitadas pelo empreiteiro quaisquer prorrogações de prazo, apesar do atraso na realização da obra pública, ou a solicitação das mesmas foi feita intempestivamente;
- Prorrogação do prazo de execução da obra por iniciativa do dono da obra, que comunica ao empreiteiro a intenção de conceder uma prorrogação, desde que devidamente justificada pelo empreiteiro;
- As prorrogações nem sempre são requeridas e concedidas por escrito, ou sequer contabilizadas;
- Deliberação no sentido da prorrogação do prazo, sendo certo que a obra estava suspensa por motivos não imputáveis ao empreiteiro, motivo por que se trataria de uma prorrogação *ex vi lege*;

Suspensão dos trabalhos
- Interrupção dos trabalhos sem justificação, nomeadamente sem fundamento numa das causas de suspensão e, por conseguinte, sem ser requerida tal suspensão;
- Requerimento de suspensão da obra pelo empreiteiro, sem a invocação de qualquer dos fundamentos legalmente previstos;
- Não se realizaram autos de suspensão dos trabalhos e no reinício dos trabalhos suspensos não foram solicitados novos planos de trabalhos e correspondentes cronogramas financeiros ou os planos de trabalhos apresentados abrangeram não apenas os que se encontram por executar, mas também os já executados;

Pagamentos
- Atrasos no pagamento dos autos por parte das autarquias;
- Os documentos de despesa apresentados não correspondem efectivamente a trabalho prestado no âmbito da execução de empreitada;
- Não exigência em alguns pagamentos de certidão comprovativa da situação contributiva perante a Segurança Social;
- Incumprimento das regras relativas ao reembolso do adiantamento concedido ao adjudicatário;
- Pagamentos parciais, relativamente aos quais não se procedeu ao desconto para garantia;
- Deferimento dos pedidos de adiantamento da parte do custo da obra necessário para aquisição de materiais sujeitos a flutuação de preço, sem que os mesmos se encontrassem convenientemente fundamentados;
- Adiantamentos não reembolsados ou reembolsados sem tomar em conta o plano de pagamentos previamente estabelecido;

c. Outros aspectos relacionados com a execução dos trabalhos
- Incorrecção da menção inscrita nos contratos de empreitada da existência de dois prazos, um para o início e outro para a execução da obra;
- Correspondência para o empreiteiro subscrita por funcionário sem cargo dirigente
- Ausência de livro de obras;
- Prazo para a conclusão da obra contado da data da celebração do contrato, e não da data da consignação;

Contratação Pública Autárquica

- Desrespeito do prazo de execução da obra;
- Atraso no cumprimento dos planos de trabalhos;

d. Recepção provisória
  - Falta de vistoria ou do auto de recepção provisória, após a conclusão das obras;
  - Elaboração de um único auto para a vistoria e para a recepção provisória, e não de dois autos distintos;
  - Elaboração de autos de recepção provisória condicionados (sem respeito das regras de elaboração de nova vistoria após a notificação das deficiências encontradas e a não recepção da obra, para se dar uma recepção provisória da mesma, com desprimor do prazo de garantia que só começa a correr a partir da data em que os trabalhos estiverem em condições de ser recebidos);
  - O representante do dono da obra não exara, em auto, as deficiências encontradas, bem como a declaração de não recepção nessa parte;
  - Recepção provisória parcial, sem que tal estivesse previsto no contrato;
  - Realização da recepção provisória em momento posterior ao da elaboração da conta final e do inquérito administrativo;

e. Conta da empreitada, inquérito administrativo e recepção final das obras
  - Ausência de contas correntes e final das empreitadas;
  - Não realização de vistorias para efeitos de inquérito administrativo;
  - Falta da realização do inquérito administrativo ou da sua publicitação e da afixação dos editais destinados a uma eventual apresentação de reclamações por falta de pagamentos de salários, materiais ou indemnizações;
  - Realização do inquérito administrativo fora do prazo;
  - Incumprimento do prazo de elaboração da Conta da Empreitada;
  - Incumprimento do prazo para a realização do inquérito administrativo nas obras públicas;
  - Não foi elaborada a conta final da obra, ou seja, respeitadas as normas sobre liquidação da empreitada, elaboração da conta e sua notificação ao empreiteiro;
  - Erros na elaboração da conta final da empreitada;

Levantamento e Sistematização das Infracções Detectadas...

- Omissão do momento de recepção final das obras ou sua ocorrência sem que se mostre respeitado o prazo de garantia;

f. Fiscalização da empreitada e aplicação de multas contratuais
- Falta de cumprimento dos prazos contratuais pelos empreiteiros e ausência de aplicação de multas por parte do município;
- Défice de fiscalização no acompanhamento de empreitadas;
- Falta de meios humanos para cumprir eficazmente a exigência de fiscalização da execução de obras;
- Decisão de aplicação de multas, mas sem que o departamento respectivo lhe tenha dado sequência, pois o empreiteiro nunca foi notificado delas;
- Relação de multas mal calculada por não ter tido em consideração as prorrogações automáticas a conceder ao empreiteiro por atraso nos pagamentos dos autos de medição;
- Os processos não incluem a nomeação de um fiscal, que deve constar da adjudicação;
- Falta de designação de representante(s) do dono da obra para exercer a fiscalização, sendo a mesma implicitamente atribuída ao departamento municipal relativo à execução de obras;
- Falta do livro de obra;

g. Trabalhos a mais
- Trabalhos a mais desnecessários;
- Realização de trabalhos a mais sem precedência de ordem escrita do dono da obra;
- Alteração de toda a filosofia subjacente ao projecto no decurso da execução da obra, por via do aumento significativo de trabalhos e a inclusão de trabalhos não previstos;
- Qualificação de trabalhos a mais relativamente a trabalhos claramente diferenciados da obra sujeita a concurso (obra nova) ou mesmo de trabalhos que inicialmente foram expressamente excluídos do âmbito da adjudicação;
- Realização de trabalhos a mais não precedida de ordem de execução escrita nesse sentido, nem de averbamento no contrato respectivo ou de celebração de contratos;
- A ordem de execução de trabalhos a mais não é dada por escrito, nem os trabalhos são previamente autorizados;

80   *Contratação Pública Autárquica*

- Ordem de execução omissa quanto à espécie e quantidade dos trabalhos a executar;
- A Câmara limita-se a aprovar/confirmar os trabalhos a mais realizados, não existindo um projecto de alteração decorrente da execução de trabalhos a mais, sendo que a lei atribui ao fiscal da obra a obrigação de fornecer ao empreiteiro os planos, mapa da natureza e volume dos trabalhos e demais elementos técnicos para a execução dos trabalhos e realização das respectivas medições;
- Elaboração de contrato escrito relativo não a todos os trabalhos a mais, mas apenas aos que não sejam compensados com trabalhos a menos;
- Aprovação de trabalhos a mais em momento posterior à sua execução e, nessa medida, dispensa de celebração do contrato escrito pela assembleia municipal;
- Celebração de contratos adicionais de trabalhos a mais após as obras já se encontrarem concluídas;
- Realização de trabalhos a mais sem celebração do contrato adicional;
- Não consta do processo o mapa de trabalhos a mais e a menos;
- O valor dos contratos adicionais nem sempre cobriu o valor dos trabalhos a mais;
- A execução dos trabalhos a mais e trabalhos imprevistos não tem sido efectuada com cumprimento integral da legislação, nomeadamente no que se refere aos erros e omissões do projecto;

h. Posse administrativa
- Posse administrativa dos trabalhos pelo dono da obra sem intervenção de autoridade competente (governador civil);

6. Revisão de preços

- Determinação da impossibilidade de revisão de preços no caderno de encargos e programa de concurso ou de renúncia à revisão de preços por parte do empreiteiro;
- Cálculo errado da revisão de preços, pela dedução de uma quantia inferior ao previsto na lei, designadamente por não se ter tido em consideração o montante da caução e o prazo de execução (mas

antes as datas de pagamento), aplicando-se vários coeficientes de actualização inferiores ao previsto na lei;
- Utilização de uma fórmula de revisão de preços diferente da prevista no caderno de encargos;
- Incorrecção da fórmula de revisão de preços utilizada, já que a soma dos coeficientes corresponde à influência de cada um dos termos considerados na fórmula no valor da adjudicação e da parcela que representa a parte não revisível da empreitada é superior à unidade;
- Falta de apresentação, em cronogramas financeiros, dos valores acumulados dos trabalhos previstos no plano aprovado, em termos de servir de correcta referência nos cálculos das revisões de preços;
- Revisão de preços fora do prazo;

7. Publicação e informações

- Incumprimento do dever das entidades públicas de fazer publicar na 2ª Série do D.R. todas as adjudicações de obras públicas que efectuaram no ano anterior;
- Falta de envio ao IMOPPI dos elementos a que se refere o artigo 276º do DL nº 59/99;

8. Subcontratação

- Não comunicação ao dono da obra das situações em que há subempreitadas;

9. Controlo do Tribunal de Contas

- Ausência de sujeição de contratos a visto prévio do Tribunal de Contas, quando o seu valor o exigia;
- Pagamentos efectuados antes do visto pelo Tribunal de Contas;
- Contrato adicional (trabalhos a mais) não remetido ao Tribunal de Contas;

10. Questões relativas à organização dos processos

- Notificações realizadas por fax e não por carta registada com aviso de recepção;
- Aceitação de documentos em mão na Câmara Municipal, sem aposição de referência do dia, hora de entrada e de quem os recebeu;
- Deficiente organização dos processos, no que tange à arrumação e catalogação dos documentos, verificando-se igualmente a ausência de numeração sequencial e rubrica dos documentos arquivados;
- Falta de arquivamento dos invólucros exteriores que encerram as propostas e os documentos, facto impeditivo para se analisar o cumprimento do prazo para a habilitação dos concursos;
- Inexistência de processos devidamente organizados ou dispersão dos documentos por vários processos;
- Falta de documentos conformadores do procedimento (*v. g.*, actas das deliberações de aprovação do projecto e do caderno de encargos, actas do acto público do concurso), deliberações de adjudicação, assim como documentos relativos à fase de execução dos contratos (*v. g.*, autos de consignação de trabalhos, autos de medição);

11. Outras situações irregulares

- Falta de envio ao IMOPPI de informação obrigatória nos termos da lei;

B) Aquisições de bens e serviços

1. Questão prévia – âmbito de aplicação da legislação sobre aquisições de bens e serviços pela Administração Pública: a contratação de trabalhadores através do regime da prestação de serviços (contratos de tarefa e avença); *v.*, *infra*, n.º 7*;*.

2. Decisão de contratar (capacidade jurídica)

- Celebração de contrato de aluguer de autocarros para transportar munícipes interessados em assistir a um evento desportivo de grandeza nacional com a participação de um clube local (contrato celebrado para um fim estranho às atribuições municipais).

3. Escolha do procedimento pré-contratual

- Dispensa genérica da realização de concursos públicos ou limitados, quando o n.º 2 do artigo 8.º do Decreto-Lei n.º 390/82 exigia uma aferição caso a caso para a sua determinação [a jurisprudência do Tribunal de Contas apenas era unânime, neste sentido, quanto às alíneas *c)*, *d)* e *f)* do mesmo];
- Incumprimento, por defeito, do número de empresas a consultar nos procedimentos de consulta prévia;
- Recurso a requisições indiscriminadas, sem qualquer procedimento de consulta e selecção de entidades;
- Não precedência de procedimento concursal, quando exigido, havendo aquisição de bens pela mera requisição, factura, ordem de pagamento e respectivo recibo;
- Existência de situações irregulares em que os municípios, em vez de celebrarem um fornecimento contínuo de serviços, solicitam o serviço (mediante simples requisição), por diversas vezes, à mesma empresa;
- Fraccionamento da despesa ou desdobramento de fornecimentos (não se adequando à estimativa das necessidades anuais), o que para além de encarecer o fornecimento, defrauda as regras procedimentais aplicáveis; em particular:
  - Desdobramento de um concurso único em quatro concursos (limitados) distintos (fornecimento do mesmo material, consulta das mesmas firmas; todavia, o material destinava-se a obras diferentes) – se fosse considerado o valor total do fornecimento (das adjudicações efectuadas), teria que se ter aberto concurso público;
  - não obediência ao regime jurídico da divisão em lotes (desconsideração do somatório dos valores estimados dos vários lotes para efeitos do regime aplicável);

- Recurso frequente ao ajuste directo em situações que impunham procedimentos mais participados, sem que surjam devidamente fundamentadas as razões de interesse público que determinaram a necessidade ou a conveniência de seguir um procedimento urgente;
- Mesmo nas hipóteses de ajuste directo, deveria ter havido lugar a consulta a três entidades, o que não ocorreu;
- Em alguns concursos limitados, em vez de se convidarem os fornecedores, publicitou-se, em jornais locais, um aviso de abertura do respectivo concurso;
- Convite a entidades, por concurso limitado, que sistematicamente não respondem, afirmam que não podem apresentar propostas ou então apresentam-nas em condições tais que não podem ser aceites (nestas hipóteses, pode estar em causa uma tentativa de fraude à lei: preenchendo o número mínimo de convites legalmente exigido de entidades que *a priori* se conhece não se encontrarem em condições de concorrer ou que, de antemão, se sabe que não irão concorrer, os municípios estariam a encobrir um ajuste directo);
- No decurso de um mesmo procedimento, foi adjudicado o fornecimento de determinados produtos a uma empresa e de outros a outra empresa concorrente;
- Consulta, no âmbito de um mesmo concurso, a duas empresas com personalidade jurídica distinta, mas pertencentes aos mesmos sócios gerentes;
- Não abertura de concurso público internacional;

4. Procedimento pré-contratual

a. Abertura do concurso, programa de concurso e caderno de encargos
- Falta de deliberação de abertura de alguns concursos;
- Ausência de deliberação que aprova o caderno de encargos e o programa de concurso;
- A deliberação da Câmara autoriza a abertura do concurso, mas não aprova o respectivo programa, limitando-se a ratificar o caderno de encargos;
- Falta de referência no aviso de abertura do concurso da data e hora limites para apresentar as propostas;

- Em concurso limitado por prévia qualificação, omissão no programa de concurso dos critérios de selecção das candidaturas;
- No anúncio do concurso, ausência de indicação dos factores determinantes da adjudicação por ordem decrescente de importância;
- Ausência de referência ao preço base do concurso;

b. Admissão dos concorrentes
- Destrinça pouco clara entre as fases de habilitação dos concorrentes e apreciação das propostas com vista à adjudicação;
- Ausência de documento que comprove que a firma adjudicatária tem a sua situação contributiva regularizada perante a segurança social, após caducidade da primeira certidão apresentada;
- Adjudicados fornecimentos de materiais para obras públicas a firmas que não fizeram a prova da titularidade do alvará respectivo;

c. Acto público e análise das propostas
- A acta do acto público não foi subscrita por qualquer dos membros da comissão;
- Participação de *agente impedido* em comissão de concurso (filho de um dos sócios de uma empresa concorrente);
- Integração do presidente da assembleia municipal na comissão de abertura de propostas/júri (solução susceptível de afectar as funções de fiscalização que o órgão deliberativo tem sobre a câmara municipal);
- A apreciação das propostas não é efectuada pela comissão de análise das propostas/júri, mas é subscrita por um responsável técnico;

d. Audiência prévia
- Não cumprimento dos mecanismos relativos à audiência prévia ou à sua dispensa quando admitida;
- Na fase da audiência prévia, a câmara recusa-se a fornecer aos concorrentes a cópia das propostas, violando os princípios gerais da transparência, de acordo com os quais devem ser fornecidos aos concorrentes todos os elementos não protegidos pela confidencialidade, de modo a que possam fazer valer os seus direitos de reclamação e recurso;

Contratação Pública Autárquica

- A audiência não pode ter sido feita pela entidade competente para adjudicar, nem tem havido delegação desta na comissão de análise;

e. Adjudicação
  - Determinação do tipo de automóvel (marca) a adquirir, havendo apenas um fornecedor local daquela marca, único que apresentou propostas, violando as regras da livre concorrência, igualdade e imparcialidade;
  - Ausência da definição das características técnicas da viatura pretendidas;
  - Em alguns fornecimentos, o concurso só teve em conta o preço unitário dos bens pretendidos para um determinado período temporal, descurando-se as quantias previsíveis;
  - Determinação da adjudicação num concurso limitado sem apresentação de candidaturas com base em outros critérios que não o do preço mais baixo, uma vez que, precedendo convite, se presume que os fornecedores podem apresentar materiais ou serviços de igual valia;
  - Entrega parcelar do fornecimento a vários adjudicatários, tendo em conta os preços unitários mais baixos apresentados;
  - O vereador que integrou a comissão de análise de propostas/o júri não deve participar na reunião de Câmara que delibera sobre a adjudicação;
  - Adjudicação a concorrente que não oferecia as condições previstas no caderno de encargos;
  - Adjudicações parciais não previstas no programa de concurso;
  - Cobrança de taxas por auto de adjudicação ou arrematação;
  - Envio da minuta do contrato ao concorrente preferido antes da adjudicação;
  - Falta de notificação da adjudicação aos concorrentes preteridos;

f. Celebração do contrato
  - Falta de aprovação da minuta do contrato;
  - Ausência da notificação da aprovação da minuta do contrato ao adjudicatário;
  - Falta de prestação de caução dentro do prazo, não tendo sido seguidas as consequências legais: "anulação" da adjudicação,

Levantamento e Sistematização das Infracções Detectadas... 87

podendo a entidade competente para autorizar a despesa decidir pela adjudicação ao concorrente classificado em segundo lugar;

- Prestação de caução mediante depósito na Câmara em operações de tesouraria, em vez de se ter efectuado o depósito em dinheiro numa instituição de crédito, à ordem da entidade indicada no anúncio de concurso, especificando-se o fim a que se destina;
- Dispensa geral da redução a escrito de contratos em que tal forma não é obrigatória;
- Não celebração de contrato escrito, quando exigível;
- Celebração de contratos relativos a fornecimentos contínuos sem indicação do valor do contrato, alegando-se ser este indeterminado e imprevisível;
- Realização de despesas sem autorização prévia, por mero ajuste verbal;

5. Execução do contrato

- Realização de adiantamentos sem exigência de prestação de caução;
- Falta da dedução de 0,5% devida à CGA sobre alguns dos pagamentos efectuados, contrariando o disposto no contrato e no artigo 138.º do Estatuto da Aposentação;
- Pagamento integral do valor do contrato após o visto do Tribunal de Contas, com abstracção dos fornecimentos que não chegaram a ocorrer;
- Ultrapassagem do prazo do contrato, sem que sejam aplicadas ao contraente particular as sanções previstas no contrato (em regra, multas contratuais);
- Recepção definitiva antes de passado o prazo de garantia de que beneficiava o fornecimento;

6. Questões relativas à organização dos processos

- Ausência de numeração sequencial e rubrica dos documentos arquivados;
- Em procedimento por negociação sem publicação de anúncio, não constam do processo as actas comprovativas das negociações.

7. Contratos de prestação de serviços (contratos de avença e de tarefa)

- Os contratos de prestação de serviços profissionais não dão direito ao recebimento de 13.º mês e subsídio de férias;
- O contrato de tarefa não pode exceder o prazo inicial, contratualmente previsto;
- Celebração de contrato de avença (prestação de serviços de dactilografia) sem demonstração no processo da inexistência de funcionários com as qualificações adequadas ao exercício das funções objecto de avença;
- Decisões de adjudicar não acompanhadas de informação sobre o cabimento dos custos do contrato;

C) Concessões

- Concessão de construção e exploração de infra-estruturas municipais sem anúncio público;

D) Outras figuras contratuais

- Atribuição por via contratual de subsídios a pessoas legalmente inexistentes e que não prosseguem, de facto, fins de interesse público;
- Ausência de fiscalização de uma obra relativamente à qual houve atribuição de financiamento condicionada ao decurso da execução de obras;
- Não foram tomadas em conta determinadas exigências procedimentais, tais como emissão de pareceres pela Direcção Regional de Educação para a execução de um projecto incluído num acordo de colaboração celebrado entre esta entidade e a autarquia;
- Celebração de um protocolo de duvidosa legalidade, por se tratar de um acordo meramente verbal, entre o proprietário de um terreno e a Câmara para a implantação de uma ETAR.

CAPÍTULO V

Reflexões sobre as Infracções Detectadas e Sugestão de Algumas Medidas a Implementar

Nas páginas seguintes, expõem-se as principais reflexões que suscitam os vários tipos de infracções detectadas pela IGAT e sistematizadas no capítulo anterior.

A exposição vai dividida em quatro números e procura acompanhar a sequência da formação e execução contratual, desde o procedimento da decisão de contratar, passando pelas várias fases do procedimento de adjudicação, e culminando com algumas referências à execução do contrato. As figuras contratuais visadas nas considerações que se seguem são principalmente os *contratos públicos*[81]: trata-se, de facto, dos tipos contratuais mais frequentes no âmbito da contratação autárquica; esta circunstância é, aliás, cabalmente atestada nos relatórios da IGAT que se ocupam, em muitos casos exclusivamente, de tais contratos.

1. Procedimento da decisão de contratar

Como é conhecido, a "montagem" de um contrato público efectua-se no âmbito de uma complexa *operação jurídica* que, em geral, se inicia no momento em que, *oficiosamente*, a entidade adjudicante verifica uma situação de *carência* de um produto ou de um serviço; para suprir uma tal carência, a entidade dirige-se – por vezes, *tem de* se dirigir – ao mercado, apresentando, junto dos *operadores económicos* (fornecedores e prestadores de serviços), a sua *pretensão* de adquirir os produtos e

---

[81] Sobre o conceito de *contrato público*, cf., *supra*, Capítulo I, 2.2.1..

serviços de que necessita. Escolhida a melhor proposta (de mais baixo preço ou a economicamente mais vantajosa), segue-se depois a outorga do contrato.

A operação jurídica de montagem de um contrato configura-se, por conseguinte, como um *procedimento administrativo complexo*, que contempla três (sub-)procedimentos estruturalmente autónomos: um deles é o *procedimento da decisão de contratar*.

Para os efeitos do presente trabalho, esse procedimento abrange o conjunto de actos jurídicos e de diligências que a entidade adjudicante pratica e efectua até ao momento em que anuncia publicamente a pretensão de contratar ou, se a publicação não é exigida, ao momento em que a referida entidade convida ou consulta fornecedores. Se nos podemos exprimir assim, trata-se de referenciar os contornos de todo um "trabalho prévio" que a entidade adjudicante tem de realizar antes de iniciar o *procedimento de adjudicação*.

Nos termos já referidos, depois de verificada uma *carência*, a entidade adjudicante fica obrigada a identificar os contornos dessa carência, bem como o modo como pretende colmatá-la.

Neste contexto, o primeiro momento fundamental consubstancia-se na tomada da própria decisão de contratar – em termos teóricos, poderá admitir-se que as autarquias disponham de um *poder de optar* entre contratar ou fazer por si mesmas; mas, como se sabe, há situações em que, legalmente, elas *têm de contratar* para obter um determinado resultado: pense-se, por exemplo, na realização de obras públicas através de contratos de empreitada[82]; por outro lado, na esmagadora maioria dos casos, a via das compras públicas (e do contrato) impõe-se naturalmente, pelo facto de as autarquias não disporem da possibilidade factual de fazerem por si mesmas, com recurso ao seu pessoal e aos seus meios próprios.

Tomada a decisão de contratar, de recorrer ao mercado e ao sistema das compras públicas, segue-se **i)** a *autorização da despesa*, **ii)** a elaboração dos *documentos do procedimento de adjudicação*, **iii)** a *escolha do tipo de procedimento de adjudicação* e, consoante o caso, **iv)** a *publicação do anúncio*, o *convite para apresentação de propostas* ou o *ajuste directo*.

---

[82] Vem a este propósito referir que os relatórios da IGAT aludem, por vezes, a situações de ilegalidade resultantes, por exemplo, de as entidades adjudicantes fazerem por administração directa obras de valor acima daquele em que a lei impõe a contratação – cf., actualmente, o disposto no artigo 18.º, n.º 2, do Decreto-Lei n.º 197/99.

Os passos assinalados encontram-se todos regulamentados nas leis da contratação pública. Embora não possam excluir-se todas as dúvidas na aplicação dessa legislação, deve dizer-se que, *em geral*, a disciplina nela acolhida se apresenta formulada em termos objectivos.

O que acaba de se dizer vale, desde logo, quanto à escolha do tipo de procedimento de adjudicação – matéria em que os relatórios da IGAT detectam várias incorrecções e infracções. Neste, como noutros sectores, a sugestão que se deixa aponta no sentido de os responsáveis autárquicos adoptarem as cautelas necessárias na adopção de decisões sobre matérias tão delicadas. Entre outros factores a ter em consideração, chama-se a atenção para a exigência legal de fundamentação, particularmente das decisões de escolha de tipos de procedimentos de adjudicação menos abertos à concorrência, que se desviam do padrão normativo dos *procedimentos concursais*.

Outra fonte de infracções detectadas relaciona-se com a elaboração dos *documentos do procedimento de adjudicação*: referimo-nos ao *programa do procedimento* (documento que define a tramitação do procedimento de adjudicação) e ao *caderno de encargos* (que contém cláusulas, de carácter jurídico e técnico, a incluir no contrato); no caso das empreitadas de obras públicas, os documentos do concurso integram ainda, em regra, o *projecto de execução*[83]. As infracções que nos interessa destacar neste domínio são essencialmente as que decorrem das deficiências do trabalho prévio de verificação da necessidade e de definição rigorosa da pretensão pública. Generalizando, de forma adaptada, uma formulação que o Decreto-Lei n.º 59/99 acolhe para os contratos de empreitada de obras públicas, exige-se que a entidade adjudicante defina, *com a maior precisão possível*, a sua pretensão. Salvo nos casos em que uma certa *indefinição* possa atribuir-se à própria natureza do contrato a celebrar, o princípio que deve orientar a entidade adjudicante é, de facto, o da *máxima precisão possível*. Trata-se de um princípio orientador fundamental, que, observado, facilitará a *gestão do contrato* e evitará dúvidas em matérias tão sensíveis como a da *partilha de riscos* entre os contratantes.

---

[83] Não será assim quando o projecto deva ser elaborado pelo empreiteiro; cf. artigo 61.º, n.º 5, do Decreto-Lei n.º 59/99.

Como se esclareceu, as observações anteriores sobre o procedimento da decisão de contratar valem para os contratos públicos. O regime de muitos outros tipos contratuais não se afeiçoa ao exposto; assim, por exemplo, nos contratos de utilização privativa do domínio municipal, a iniciativa procedimental pertence, em princípio, ao particular interessado, pelo que não existe qualquer procedimento de adjudicação. Além disso, e ao contrário do que faz para os *contratos públicos*, em outros casos, a lei não estabelece alguns aspectos ou traços relevantes do procedimento da decisão de contratar.

Assim, por exemplo, no domínio dos contratos fundacionais ou associativos em que intervenham entidades autárquicas, a lei nada estipula sobre o procedimento a adoptar para a escolha de sócios; como houve já oportunidade de esclarecer, apesar do silêncio da lei, entendemos que os sócios privados devem, *em princípio*, ser escolhidos de forma procedimentalizada, através de procedimentos abertos, públicos e transparentes.

Por outro lado, e recordando a subsistência de uma *capacidade de concessionar* que a lei confere aos municípios[84], importa que estes tenham bem presente o impacto jurídico que resulta da atribuição de concessões (de obra ou de serviço público, por exemplo). Por força da concessão, uma entidade privada é chamada a *substituir* o município no desempenho de responsabilidades operativas e de financiamento de infra--estruturas públicas e de prestação de serviços públicos; em regra, tais sistemas de *parceria público-privada* vigoram por longos períodos de tempo (30 e mais anos). Por força da sua natureza, a decisão de concessionar representa uma alternativa a outros métodos de gestão (a começar logo pela *gestão directa*). Ora, é exactamente esta característica da concessão que a entidade adjudicante deve ter presente. Nesta matéria, o que se reclama dos municípios é, por um lado, a tomada de *decisões responsáveis*, que tenham por base ponderações e avaliações dos custos-benefícios das concessões ou PPP projectadas, e, por outro, o lançamento de *concessões bem programadas* e que *salvaguardem o interesse público* (efectuando transferências efectivas de riscos, partilhas de responsabilidades e assegurando a capacidade real de intervenção na vida do contrato). A definição de um quadro de exigências para as

---

[84] Cf., *supra*, Capítulo II, 2.2..

decisões autárquicas de concessionar é uma tarefa do legislador[85], mas a omissão legislativa não pode servir de pretexto a decisões impensadas, não estudadas e mais ou menos automáticas neste domínio.

2. Procedimento de adjudicação

2.1. *Fase de admissão ao procedimento de adjudicação*

Assumindo, de antemão, a heterogeneidade desta fase, pretendemos integrar, no seu seio, os momentos que correspondem, na formulação legislativa, ao acto público do concurso, à qualificação dos concorrentes e à análise das propostas e elaboração de relatórios [alíneas *b)* a *d)* do artigo 59.º do Decreto-Lei n.º 59/99]. A opção por esta fase, que pretende imprimir uma certa "unidade na diversidade" ao procedimento concursal, prende-se, sobretudo, com a natureza das considerações que, a este propósito, formularemos: por um lado, procederemos a uma crítica da tradicional rigidez com a qual a separação entre os momentos de qualificação dos concorrentes e análise das propostas é olhada (**2.1.1.**), para nos pronunciarmos, por outro lado, sobre a necessidade de uma adequada consideração da tipologia dos vícios invalidantes e dos vícios não invalidantes na condução de um procedimento concursal (**2.1.2.**)[86].

2.1.1. *Qualificação dos concorrentes e análise das propostas*

Uma das apreciações críticas de alguns relatórios da IGAT, no que a este momento complexo diz respeito, incidiu sobre a destrinça pouco clara entre as fases de habilitação dos concorrentes e de apreciação das propostas [artigo 59.º, alíneas *c)* e *d)*, do Decreto-Lei n.º 59/99]. Esta diferenciação, introduzida em virtude da regulação comunitária dos contratos

---

[85] Em relação às parcerias público-privadas do Estado e das administrações estaduais, cf. o Decreto-Lei n.º 86/2003, de 26 de Abril.

[86] Este "agrupamento" de momentos procedimentais funda-se, igualmente, na parca detecção de infracções pela IGAT no âmbito dos mesmos, o que poderá dever-se, em grande medida, à exaustiva e, em geral, clara regulamentação legal dos trâmites procedimentais em que aqueles se decompõem.

94   *Contratação Pública Autárquica*

públicos, para além de ter algumas implicações organizacionais e formais[87], implica que, na análise do conteúdo das propostas, não pode o júri tomar em consideração factores relativos, por exemplo, à capacidade técnica dos candidatos (cf., neste sentido, designadamente, o disposto no Acórdão do Supremo Tribunal Administrativo de 11 de Agosto de 2004, proferido no processo n.º 866/04).

A este propósito já o acórdão do Supremo Tribunal Administrativo, de 22 de Junho de 1999 (processo n.º 44140) determinara que o Decreto-Lei n.º 405/93, de 10 de Dezembro, não havia transposto correctamente a Directiva n.º 93/37/CEE, por não formular uma destrinça clara entre a fase de verificação da aptidão dos candidatos e a de avaliação das propostas, permitindo, assim, que neste último momento fossem valorados requisitos subjectivos respeitantes aos empreiteiros. Apelando, num dos poucos casos exemplares da nossa jurisprudência administrativa, para a eficácia directa de tal Directiva, anulou este Tribunal o acto de adjudicação da empreitada que, na avaliação das propostas, teve em consideração tais requisitos atinentes à qualificação dos concorrentes[88].

Esta separação, adequada em princípio, tendo em atenção o objectivo procedimental de racionalização da actuação da entidade adjudicatária e a "optimização" da sua decisão, não nos parece, porém, que deva ter um

---

[87] Neste sentido, assinale-se, no que tange aos contratos inseridos no âmbito de aplicação do Decreto-Lei n.º 59/99, a constituição de duas comissões de acompanhamento do concurso, a "comissão de abertura do concurso" – que, em pinceladas largas, intervém no acto público do concurso, se pronuncia sobre a admissão formal dos documentos e sobre a habilitação dos concorrentes, procede a um exame formal das propostas e pronuncia-se sobre a sua admissibilidade e delibera sobre eventuais reclamações apresentadas durante o acto público –, e a "comissão de análise das propostas", que procede à análise de mérito das propostas e formula a proposta de adjudicação (cf. artigo 60.º do Decreto-Lei n.º 59/99). No entanto, em casos excepcionais devidamente fundamentados, poderá a constituição de tais comissões coincidir na íntegra. Já no âmbito da aplicação do Decreto-Lei n.º 197/99, apenas há a designação de um júri, ao qual competirá a realização de todas as operações do concurso.

[88] Cf., ainda, o disposto no Acórdão do Supremo Tribunal Administrativo, de 2 de Julho de 2002, proferido no âmbito do processo n.º 41358, que, com base em considerações idênticas, admitiu, porém, num concurso em que havia sido omitida a fase de selecção qualitativa dos empreiteiros, que o acto de adjudicação fosse mantido, "na medida em que os autos fornecem elementos que permitem concluir que, sem essa conduta ilegal, ou seja, pela aplicação dos factores legalmente estabelecidos (…) a proposta vencedora continuaria a ser mais pontuada que a dos recorrentes, aumentando até a vantagem alcançada".

Reflexões sobre as Infracções Detectadas e Sugestões... 95

grau de rigidez tal que impeça alguma interpenetração entre estas duas fases, quando tal se demonstre objectivamente necessário[89]. Para além do que possa eventualmente resultar de um repensar, em termos legislativos, de uma separação que tem sido apresentada por muitos como estanque, podem avançar-se já algumas orientações no sentido dessa flexibilização.

Pense-se, por exemplo, na possibilidade de serem tomados em consideração, no âmbito da apreciação do mérito das propostas, alguns elementos normalmente aliados à aferição da capacidade técnica dos concorrentes, por exemplo a experiência anterior do proponente em projectos similares. É certo que a apresentação de uma lista das obras executadas da natureza da obra posta a concurso acompanhada de certificados de boa execução, exigência que é estabelecida na alínea *n)* do n.º 1 do artigo 67.º do Decreto-Lei n.º 59/99, se confunde, em grande medida, com um critério de adjudicação que valorizasse uma proposta fundada em estudos, projectos ou obras já realizados pela mesma entidade. No entanto, sobretudo em domínios técnicos menos explorados ou de ponta, será, no nosso ponto de vista, de aceitar que se possa formular, desde que devidamente publicitado e fundamentado, tal critério de adjudicação, na medida em que não há lugar, verdadeiramente, a uma dupla valorização de um mesmo factor em momentos distintos do procedimento. Isto na medida em que, enquanto requisito de aferição da capacidade técnica dos concorrentes, a sua apreciação não seja feita de forma relativa e avalizadora das soluções técnicas apresentadas na proposta (e, portanto, tendo uma ligação íntima com esta), mas de maneira meramente excludente, não podendo ser-lhe aliada sequer qualquer hierarquização da posição relativa dos concorrentes[90].

---

[89] Em certa medida acompanhando esta tendência de flexibilização, o Supremo Tribunal Administrativo, por Acórdão, de 9 de Abril de 2002 (Processo n.º 48035), já decidiu, no âmbito de aplicação do Decreto-Lei n.º 59/99, que é possível no momento da abertura das propostas reagir contra o acto de admissão de concorrentes (que havia decorrido sem incidentes e sem reclamações), podendo a Comissão de Análise das Propostas deliberar a exclusão do concorrente, na medida em que só nesse momento teve conhecimento de factos que podem influir na mesma. Porém, considera que essa exclusão apenas pode ser fundamentada numa apreciação formal, precisamente a admitida no n.º 2 do artigo 92.º e no n.º 2 do artigo 94.º do Decreto-Lei n.º 59/99, e que a apreciação de motivos que indiciam a violação do princípio da concorrência e da igualdade deve ter lugar aquando do acto de adjudicação da empreitada.

[90] Trata-se, assim, de uma apreciação de "tudo ou nada", como resulta claramente do disposto no Acórdão do Supremo Tribunal Administrativo, de 22 de Maio de 2003, processo n.º 0808/03.

Não se viola, assim, neste caso e em hipóteses análogas, a proibição estabelecida no n.º 3 do artigo 100.º do Decreto-Lei n.º 59/99 e no n.º 3 do artigo 55.º do Decreto-Lei n.º 197/99, que determinam que na análise das propostas a comissão não poderá, em caso algum, ter em consideração, directa ou indirectamente, a aptidão dos concorrentes já avaliada nos termos do artigo 98.º [cf., infra, 3.1., c)].

Note-se, ainda, que nos parece, em geral, de rejeitar que a não apresentação do documento de habilitação dos concorrentes previsto pela já mencionada alínea n) do n.º 1 do artigo 67.º do Decreto-Lei n.º 59/99 possa fundar, por si só, a falta de capacidade técnica dos concorrentes, e, por conseguinte, justificar a sua não admissão ao concurso. Admitir-se esta possibilidade poder-se-ia converter numa forma encapotada de proceder a uma adjudicação directa, sob a capa "insuspeita" da abertura de um procedimento contratual concorrencial, com violação (senão do princípio da igualdade no decurso do procedimento, pelo menos) do princípio da igualdade no acesso ao mesmo e do princípio da concorrência (podendo converter-se numa forma de proteccionismo ou de privilégio de alguns concorrentes)[91]. Nessa medida, talvez fosse mais idóneo permitir a ponderação da não realização de obras de natureza similar à colocada a concurso juntamente com outros elementos relacionados com o conteúdo das propostas: em rigor, o facto de um concorrente nunca ter efectuado certo tipo de obras não implica necessariamente que se encontre desprovido de capacidade técnica ou financeira para o fazer.

2.1.2. Vícios invalidantes e vícios não invalidantes

Outras situações qualificadas como ilegais foram ainda detectadas pela IGAT, designadamente o facto de não ter sido assegurada a assistência ao acto público do concurso do Procurador Geral da República ou de um seu representante, quando o valor das empreitadas assim o determina.

Nestas hipóteses, a violação do dever legal previsto nos n.ºs 4 e 5 do artigo 85.º do Decreto-Lei n.º 59/99 – valendo a regra supletiva deste

---

[91] Em sentido inverso foi o acórdão do Supremo Tribunal Administrativo, de 11 de Dezembro de 2003, processo n.º 01795/03, que entendeu que a exigência deste requisito como condição da qualificação dos concorrentes e, bem assim, permitindo fundar isoladamente a sua exclusão não violava os princípios da igualdade e da concorrência.

último número em face da não emanação da Portaria aí referida – não gera qualquer vício invalidante no âmbito do procedimento em causa.

Estaremos perante uma mera irregularidade da tramitação do procedimento que não terá qualquer influência directa na invalidação dos actos que dele emergem, pois, apesar de se tratar de uma exigência ligada à garantia da transparência e legalidade do procedimento, reveste apenas natureza instrumental no que tange à consecução destas finalidades. Ainda que a preterição desta formalidade possa indiciar o desrespeito dos princípios jurídicos que regem a formação do contrato, ela não será mais do que um elemento, auxiliar e presuntivo, que apenas conjuntamente com outros poderá permitir que se conclua pela violação dos princípios fundamentais da contratação. Já a existência, no acto público, de parecer técnico sobre as propostas representa, essa sim, uma antecipação procedimental intolerável e objectivamente geradora de um vício invalidante do procedimento, constituindo prova bastante do desrespeito daqueles princípios.

Posto isto, consideramos que a severidade das consequências das ilegalidades cometidas nem sempre é a melhor solução no plano jus-administrativo, na medida em que a mesma pode conduzir ao desrespeito de interesses de cariz público e privado que apontam para a manutenção do procedimento e dos actos nele praticados, sem que os interesses preteridos, públicos e privados, sejam de tal forma graves que imponham tal sanção. Destarte, a intensidade da lesão do interesse público vai graduar as diferentes consequências que reveste a ilegalidade; é por este motivo que o conceito de ilegalidade aparece com um âmbito mais vasto que o de invalidade: de facto, uma ilegalidade dá origem quer a uma invalidade (vícios invalidantes), quer a uma mera irregularidade (vícios não invalidantes). Se "todo o clima do moderno Estado de Direito impõe que os actos *substancialmente* lesivos do interesse público sejam inválidos"[92], não é, porém, despicienda a consideração de irregularidades, quando a agressão ao interesse público se revista de menor gravidade. Com efeito, em alguns casos a divergência entre o acto e as normas e princípios jurídicos não vai afectar a sua consistência, mas tão-só determinar-lhe uma qualificação específica enquanto mera irregularidade.

Urge, deste modo, a formulação clara de um juízo de proporcionalidade no estabelecimento de sanções pelo legislador e no entendimento, de

---

[92] ROGÉRIO SOARES, *Interesse Público*, cit., p. 294.

cariz essencialmente doutrinal, jurisprudencial e administrativo, de quais os vícios invalidantes (em princípio geradores de anulabilidade, nos termos do artigo 135.º do *CPA*) e os vícios aos quais não deve corresponder tal forma de sancionamento da actuação administrativa (ainda que, caso se trate de normas imperfeitas, possa corresponder à ilegalidade cometida uma qualquer forma de responsabilização do agente)[93]. A opção pela sanção da irregularidade funda-se em razões de carácter «funcional», segundo as quais, perante determinadas circunstâncias, é preferível que actos administrativos feridos de vícios determinantes de uma pequena lesão para o interesse público produzam normalmente os efeitos a que tendem – é que, nestes casos, "a garantia que [certo] preceito procurava oferecer ao interesse público era de tal modo insignificante, que este será melhor satisfeito com a perduração do acto impecável sob outros pontos de vista do que com o tolher-se-lhe os efeitos só por causa do vício"[94].

2.2. Fase de adjudicação

A fase de adjudicação constitui um dos momentos fulcrais do procedimento conducente à celebração do contrato, porquanto representa o instante em que a Administração se compromete com a escolha de uma proposta e, concomitantemente, de uma determinada entidade para com ela colaborar de forma concertada na prossecução do interesse público (cf., *v. g.*, artigo 54.º do Decreto-Lei n.º 197/99). Perante uma cuidada ponderação dos elementos recolhidos, torna-se possível identificar, nesta fase, cinco pontos críticos: critérios de adjudicação (**2.2.1.**); intervenientes na análise das propostas e na decisão de adjudicação (**2.2.2.**); audiência prévia (**2.2.3.**); conteúdo do acto de adjudicação (**2.2.4.**); e eficácia da adjudicação (**2.2.5.**).

---

[93] Neste mesmo sentido, ainda que no plano jus-urbanístico, referindo-se à sanção legal regra pela violação do disposto em instrumentos de planeamento – a nulidade –, que é alheia a quaisquer ponderações aliadas à gravidade dos vícios e ao enquadramento normativo existente, bem como aos interesses públicos afectados, PEDRO GONÇALVES/ FERNANDA PAULA OLIVEIRA, "A nulidade dos actos administrativos de gestão urbanística", *Revista do CEDOUA*, n.º 1 (1999), p. 36.

2.2.1. Critérios de adjudicação

Relativamente aos critérios de adjudicação, os problemas surgem quer no momento da respectiva indicação, assim como dos factores ou subfactores de apreciação das propostas e sua ponderação, quer no momento da sua aplicação aos casos concretos.

a) Publicidade dos critérios de adjudicação

Os critérios de adjudicação (assim como os factores cuja ponderação implicam e o seu valor relativo) respeitam às condições determinantes da apreciação, avaliação e hierarquização das propostas, razão por que se impõe sempre a sua adequada publicitação [no programa do concurso – cf. artigo 66.º, n.º 1, alínea c), do Decreto-Lei n.º 59/99 –, ou, numa formulação mais genérica, nos documentos que servem de base ao procedimento – artigo 55.º, n.º 2, do Decreto-Lei n.º 197/99], em respeito do princípio da abertura da Administração e da transparência da actividade administrativa.

Trata-se de permitir que os potenciais concorrentes possam, em tempo útil, tomar conhecimento dos elementos tidos em consideração pela entidade pública (*hoc sensu,* entidade adjudicante) para a escolha das propostas. Nessa medida, impõe-se, de igual forma, uma relação de congruência, nem sempre verificada, entre os critérios (e factores) referenciados nos documentos que conformam o procedimento e os critérios (e factores) que *efectivamente* orientaram a adjudicação (cf., *infra*, o que diremos *sub* 3.4.).

Note-se que esta necessidade de publicitação e inalterabilidade dos critérios de adjudicação foi sendo progressivamente alargada pela nossa jurisprudência administrativa aos sub-critérios, definidos como os "elementos de avaliação a que é atribuída autonomia e independência, de tal forma que funcionam como uma unidade de valorização estanque em relação ao critério de que nascem"[95].

É, de facto, relevante o alargamento de tais exigências aos subfactores de apreciação e valorização das propostas, uma vez que o juízo de ponderação a eles aliado, na medida em que se pode revelar confor-

---

[94] ROGÉRIO SOARES, *Interesse Público*, cit., p. 273.

[95] Acórdão do Supremo Tribunal Administrativo, de 18 de Dezembro de 2002 (processo n.º 46963).

mador da solução a que se chegue, deve estar cabalmente formulado antes de se ter conhecimento das situações a valorar e ser acessível a todos aqueles que pretendem apresentar as suas propostas[96]. Tal não se revelará exigível, porém, se a comissão de análise das propostas especificar o conteúdo de um critério ou sub-critério incluídos no programa do concurso, que apenas tenha como finalidade auxiliá-la na tarefa de ponderação e fundamentação relativa à análise do mérito relativo das propostas, desde que dessa especificação não decorra uma alteração de sentido e de função daqueles (sub)critérios[97].

b) Critérios de adjudicação e escolha do procedimento

A este propósito, urge acentuar que existe uma íntima conexão entre a escolha do procedimento e os critérios de adjudicação, em termos de se revelar possível a afirmação segundo a qual a opção por um tipo de procedimento pode implicar também a opção por certo(s) critério(s) de adjudicação.

Esta relação assume notoriedade, desde logo, nas situações de urgência. Sempre que a entidade adjudicante (in casu, o município) adopta um determinado procedimento não em função do valor, mas tendo em conta "motivos de urgência imperiosa"[98], está simultaneamente a mostrar preferência pelo critério da rapidez na execução, critério esse que não poderá deixar de exercer influência decisiva justamente na fase de execução de contrato. Daí que se tornem incompreensíveis as hipóteses em que se verifica uma incongruência na opção por um procedimento de negociação sem publicação prévia de anúncio ou por um ajuste directo, quando, mais tarde, ao nível da execução do contrato, se verificam sucessivas prorrogações do prazo contratual, que desmentem a referida "urgência imperiosa".

---

[96] Cf., por todos, os Acórdãos do Supremo Tribunal Administrativo, de 14 de Maio de 2003 (processo n.º 0711/03) e de 15 de Junho de 2004 (processo n.º 533/04).

[97] Por exemplo, não será admissível à comissão de análise de propostas dentro de um critério de adjudicação relativo à *qualidade dos materiais* a utilizar, individualizá-los de acordo, por exemplo, com normas técnicas internacionais, fazendo corresponder-lhes uma determinada valoração, mas pode já utilizar tais normas para permitir um preenchimento de tal conceito indeterminado. De facto, a comissão de análise, ao proceder à avaliação das propostas detém uma ampla margem de apreciação na valoração de tais factores, pelo que a concretização dos mesmos depende de uma adequada tarefa de fundamentação.

[98] Assim pode suceder nos termos dos artigos 84.º, alínea a), 85.º, 86.º, n.º 1, alínea c), do Decreto-Lei n.º 197/99, e 136.º, alínea c), do Decreto-Lei n.º 59/99.

Outra manifesta ligação entre procedimento e critérios de adjudicação reporta-se às hipóteses em que, com o objectivo de seleccionar propostas que, na execução do contrato, utilizem produtos e técnicas nacionais, se procede a uma divisão do fornecimento em lotes para possibilitar que apenas pequenas e médias empresas *nacionais* possam concorrer. Esta divisão em lotes possuiria um duplo efeito: por um lado, ao diminuir a despesa, permitiria, em alguns casos, a escolha de um procedimento outro que não o de concurso público[99]; por outro lado, mesmo que se trate de um procedimento concursal, em regra, não terá de ser aberto concurso internacional. Que dizer desta possibilidade?

Independentemente dos problemas que esta solução suscita sob a óptica do princípio da não discriminação (vigente entre nós por força do direito comunitário – cf. *infra*, neste número, o que diremos a propósito dos critérios proteccionistas), o artigo 25.º do Decreto-Lei n.º 197/99 estabelece como princípio geral que, nos casos em que a aquisição de bens ou serviços idênticos ou homogéneos puder ocasionar a celebração simultânea de contratos por lotes separados, o valor a atender para efeitos do procedimento aplicável corresponde ao somatório dos valores estimados dos vários lotes (sem prejuízo de, nos termos do n.º 2 do mesmo preceito, se admitir, sob certo circunstancialismo, a possibilidade de dispensa das formalidades – de alcance comunitário – prescritas nos artigos 190.º e seguintes).

c) *Critérios de adjudicação e respectivos factores*

Outro ponto a salientar, neste momento, prende-se com o conteúdo dos critérios de adjudicação.

Desde logo, devem distinguir-se, como já o fizemos *supra* (2.1.), os critérios de adjudicação das exigências relativas à qualificação dos concorrentes (ou, para utilizar a terminologia constante da Directiva 2004/18/CE, a verificação da aptidão dos proponentes ou dos candidatos – cf. artigo 44.º), designadamente no que tange às respectivas habilitações profissionais ou capacidade técnica, económica ou financeira, uma vez

---

[99] Ainda que a norma mobilizável para o caso concreto seja a mesma, não nos reportamos neste momento às situações (recorrentes) em que o fraccionamento da despesa tem como *único* objectivo a «fuga ao concurso público», procurando a Administração incrementar as situações de ajuste directo, precisamente como fundamento no baixo valor da despesa.

que tais questões se prendem com a admissão dos sujeitos ao concurso: neste sentido, o n.º 3 do artigo 55.º do Decreto-Lei n.º 197/99 e o n.º 3 do artigo 100.º do Decreto-Lei n.º 59/99 proíbem que, na análise do conteúdo das propostas, sejam tidos em consideração, directa ou indirectamente, factores do tipo dos mencionados.

Destarte, e tal como resulta do preâmbulo da Directiva 2004/18/CE (considerando 46), "a adjudicação de um contrato deve realizar-se com base em critérios objectivos que assegurem o respeito dos princípios da transparência, da não discriminação e da igualdade de tratamento e que garantam a apreciação das propostas em condições de concorrência efectiva". Além disso, e não obstante os imperativos de concorrência que servem, os critérios de adjudicação constituem uma forma privilegiada de identificação do(s) interesse(s) público(s) em presença, cuja coordenação e satisfação se pretendem alcançar com a celebração e execução do contrato.

Constituem critérios de adjudicação o do *mais baixo preço* e o da *proposta economicamente mais vantajosa*, viabilizando este a ponderação de outros parâmetros para além da simples consideração do preço. Ora, a abertura proporcionada pelo critério da proposta economicamente mais vantajosa permite-nos reflectir sobre a possibilidade de, através da sua convocação, prosseguir outros fins públicos que não apenas os orçamentais. Está em causa compreender se a escolha dos factores de ponderação a incluir na apreciação daqueles critérios se revelam susceptíveis de validamente servir finalidades de política industrial, social e ambiental[100].

No que toca à prossecução de fins de carácter industrial, deverá entender-se que os mesmos se encontram excluídos, porquanto acabam

---

[100] Sobre esta matéria, cf. TERESA MARQUES DE ALMEIDA, *O Processo de Liberalização dos Mercados Públicos na União Europeia – Objectivos de Eficiência e sua Coordenação com Finalidades de Política Industrial, Social e Ambiental*, Coimbra, polic., 2004, *passim*, esp.te pp. 85 e ss..

Diversamente da posição defendida por esta Autora (*Op.* cit., pp. 228 e s.), optamos, como decorre do texto, por conceber a possibilidade de prossecução de outras finalidades, não como critérios de adjudicação, mas como factores de ponderação a utilizar no quadro do critério da proposta economicamente mais vantajosa, uma vez que esta posição facilita o respectivo acolhimento em face dos ordenamentos positivos (positivados) nacional e comunitário admitirem apenas dois critérios: o preço mais baixo e a proposta economicamente mais vantajosa (cf. artigos 55.º, n.º 1, do Decreto-Lei n.º 197/99; 105.º, n.º 1, do Decreto-Lei n.º 59/99; 53.º da Directiva 2004/18/CE; e 55.º da Directiva 2004/17/CE).

por atentar contra as liberdades comunitárias fundamentais (liberdades de circulação). Estariam aqui precipuamente em causa factores de natureza proteccionista, como seriam os destinados a privilegiar as propostas em que os concorrentes se comprometeriam a utilizar produtos ou técnicas nacionais (apesar de, com essa medida, o preço subir e não se assistir a um concomitante aumento da qualidade). Como decorre da jurisprudência do Tribunal de Justiça, um tal factor inserir-se-ia no conceito de medida de efeito equivalente a uma restrição quantitativa[101], encontrando-se, por isso, proibida pelo artigo do Tratado de Roma, porquanto violadora da liberdade de circulação de mercadorias.

A solução não reveste necessariamente os mesmos contornos quando se trata de apreciar em que medida fins ambientais ou sociais poderão ser levados em consideração como elementos a ponderar na escolha de uma proposta. Aliás, é neste momento que entendemos fazer um apelo à criatividade dos decisores públicos, no sentido de, através da inclusão de certos factores a ponderar no horizonte do critério da proposta economicamente mais vantajosa, alcançarem um ponto óptimo de concordância prática dos diversos interesses públicos em presença. Vejamos em que termos.

Se a posição da Comissão Europeia se tem revelado, de alguma forma, avessa à consideração de outros elementos para além dos estritamente económicos[102], já o Tribunal de Justiça vem fazendo uma caminhada no sentido de uma maior abertura[103]. Assim, no Acórdão

---

[101] Sobre esta noção, cf., *v. g.*, MIGUEL GORJÃO-HENRIQUES, *Direito Comunitário*, Coimbra, Almedina, 2005[3], pp. 394 e ss.; ANA RAQUEL MONIZ, "Liberdade de Circulação de Mercadorias", *Temas de Integração*, n.ºs 12 e 13, 2.º semestre 2001/1.º semestre 2002, pp. 270 e ss..

[102] Cf., não obstante o progresso da jurisprudência comunitária, as posições assumidas pela Comissão nas Comunicações que precederam a adopção das novas directivas sobre a contratação pública, onde se nota a preferência concedida à comparação das propostas de uma perspectiva puramente económica – *Comunicação interpretativa da Comissão sobre o direito comunitário aplicável aos contratos públicos e as possibilidades de integrar considerações ambientais nos contratos públicos*, de 04/07/2001, COM(2001), 274 final, pp. 20 e 22 (embora, em seguida, admita que "os critérios de adjudicação podem ser livremente definidos pela entidade adquirente, desde que se observem as disposições do Tratado e os princípios do direito comunitário e que os critérios sejam objectivos, transparentes e não discriminatórios" – p. 24); *Comunicação da Comissão sobre o direito comunitário aplicável aos contratos públicos e as possibilidades de integrar aspectos sociais nesses contratos*, de 15.10.2001, COM(2001) 566 final, pp. 13 e ss..

[103] Para o traçado de uma evolução da jurisprudência comunitária nesta matéria, cf. TERESA MARQUES DE ALMEIDA, *O Processo de Liberalização*, cit., pp. 111 e ss..

104 Contratação Pública Autárquica

Concordia[104], o Tribunal, ainda que reportando-se, no caso concreto, a factores de natureza ambiental[105], vem determinar que existe uma relativa latitude na escolha de critérios, desde que estes cumpram alguns requisitos: "se relacionem com o objecto do contrato, não confiram à referida entidade uma liberdade de escolha incondicional e estejam expressamente mencionados no caderno de encargos ou no anúncio de concurso e respeitem todos os princípios fundamentais do direito comunitário, designadamente o princípio da não discriminação". Tratando-se de considerações de índole social, o Tribunal de Justiça parece adoptar uma opinião ainda mais ampla, não reclamando uma relação directa com o objecto do contrato e estabelecendo apenas como condição da sua admissibilidade, além das exigências de publicidade, o respeito pelos princípios de direito comunitário, designadamente pelo princípio da não discriminação[106].

Estas considerações permitem-nos avançar com alguns esclarecimentos para a matéria em análise.

Por um lado, cumpre acentuar a total postergação da ideia segundo a qual a adjudicação se efectua única e exclusivamente em função de critérios economicistas – algo que já resultava de uma correcta interpreta-

---

[104] Acórdão *Concordia Bus Finland Oy Ab* (anteriormente Stagecoach Finland Oy Ab) contra *Helsingin kaupunki e HKL-Bussiliikenne*, de 17 de Setembro de 2002, p. C-513/99, *Colectânea de Jurisprudência do Tribunal de Justiça e do Tribunal de Primeira Instância*, I, (2002), pp. 7213 e ss. (parágrafo 64).

[105] Subjacente ao processo estava um concurso relativo à gestão da rede de autocarros urbanos da cidade de Helsínquia, cuja adjudicação seria feita, nos termos do anúncio do concurso, à empresa que apresentasse a proposta mais vantajosa para o município no plano económico global, e cuja aferição resultava da ponderação de três critérios: preço global da exploração, qualidade do material (autocarros) e gestão da qualidade e do ambiente (entre a qual se contavam, *v. g.*, as emissões de óxido de azoto, o nível sonoro e a existência de um programa de preservação do ambiente comprovado).

[106] Cf. Acórdão *Comissão das Comunidades Europeias* contra *República Francesa*, de 26 de Setembro de 2000, p. C-225/98, *Colectânea de Jurisprudência do Tribunal de Justiça e do Tribunal de Primeira Instância*, I, (2000), pp. 7445 e ss. (parágrafos 50 e 51). Tratava-se de, num procedimento tendente à adjudicação de uma empreitada de obras públicas para construção de uma escola, apreciar a conformidade com o direito comunitário da possibilidade da escolha da proposta (também) em função de um critério adicional relativo à luta contra o desemprego. Numa evolução relativamente à jurisprudência *Beentjs*, o Tribunal deixa de considerar a aposição deste tipo de condições como condições de execução do contrato, para abraçar a ideia de que as mesmas, "servindo de fundamento para a exclusão de um proponente, não [podiam] deixar de constituir um critério de adjudicação da empreitada" (parágrafo 52).

ção da lei que também se referia à ponderação de características estéticas[107]. Assim, e como já afirmámos, é possível o recurso, dentro do critério da proposta economicamente mais vantajosa, a outros factores de ponderação, que valorizem interesses públicos diferenciados (desde que não atentem contra as liberdades comunitárias e não violem os princípios da não discriminação em razão da nacionalidade e da concorrência). Aliás, o carácter meramente exemplificativo dos factores mencionados na lei resulta directamente da alínea *a)* do n.º 1 do artigo 55.º do Decreto-Lei n.º 197/99 e no n.º 1 do artigo 105.º do Decreto-Lei n.º 59/99 – bastante expressividade encerra a fórmula do primeiro preceito, ao salientar que os factores aí enunciados são apenas alguns *entre outros* e que os mesmos hão-de variar *consoante o contrato em questão.* Por este motivo, as novas Directivas sobre contratação pública, louvando-se na jurisprudência do Tribunal de Justiça, vêm acrescentar aos factores já existentes as características ambientais [cf. artigos 55.º, n.º 1, alínea *a)*, da Directiva 2004/17/CE e 53.º, n.º 1, alínea *a)*, da Directiva 2004/18/CE].

Por outro lado, deverá entender-se que a existência de critérios de adjudicação não elimina a criatividade da Administração na tarefa de procura da proposta mais adequada ao interesse público geral. Daí que mereça adesão a ideia segundo a qual a escolha da proposta economicamente mais vantajosa há-de poder ser legitimamente efectuada não apenas em função das vantagens que acarreta para a entidade adjudicante enquanto pessoa, mas sobretudo tendo em atenção as vantagens que importa para a comunidade de indivíduos que constitui, próxima ou longinquamente, o seu substrato[108].

2.2.2. *Intervenientes na análise das propostas e na decisão de adjudicação*

Neste âmbito, cumpre fazer uma referência aos problemas atinentes à qualidade dos membros do júri ou da comissão de análise das propostas. Com frequência se vem assistindo a situações (alvo de censura da IGAT) em que integram o júri ou a comissão de análise de propostas membros do

---

[107] Cf. artigo 55.º, n.º 1, alínea *a)*, do Decreto-Lei n.º 197/99.

[108] Em sentido próximo, TERESA MARQUES DE ALMEIDA, *O Processo de Liberalização*, cit., p. 134.

executivo municipal, que depois votam o projecto de decisão[109]. Como logo se compreende, esta questão assume relevância quanto ao problema dos impedimentos, mais precisamente no que tange à interpretação da alínea *d)* do n.º 1 do artigo 44.º do *CPA*, nos termos do qual fica impedido de intervir em procedimento administrativo, ou em acto ou contrato de direito público ou privado da Administração, o titular de órgão ou agente da Administração Pública, "quando tenha intervindo no procedimento como perito ou mandatário ou haja dado parecer sobre questão a resolver".

Uma consideração do teor literal da norma permitiria afastar o caso presente do âmbito de aplicação da mesma: efectivamente, não estamos, na situação em análise, perante um caso em que, antes da deliberação de adjudicação, o titular do órgão tenha intervindo no procedimento, como perito, mandatário ou autor de parecer sobre o problema decidendo. Todavia, é nesta norma que a IGAT tem baseado o reconhecimento de uma infracção sempre que se verificam situações do tipo das descritas. Que dizer da solução?

Os casos de impedimento configuram hipóteses em que, por força da intervenção de um interesse pessoal de um titular do órgão ou agente da Administração, se afigura, do ponto de vista do legislador, provável que o interesse público determinante da concessão de uma determinada competência não se realize na situação concreta. Está em causa a necessidade de tutela dos princípios da imparcialidade e da prossecução do interesse público, norteadores de toda a actividade administrativa e, por conseguinte, da contratação pública (cf. também, *supra*, Capítulo III, 1.3. e 2.4.). Daí que o *CPA* comine com a sanção da anulabilidade os actos ou contratos em que tiverem intervindo titulares de órgão ou agentes impedidos (artigo 45.º, n.º 1)[110].

Na hipótese subjacente à alínea *d)* do n.º 1 do artigo 44.º, pretende evitar-se que participe no procedimento ou na adopção do acto quem se encontre pessoalmente ligado àquele procedimento por nele haver tido

---

[109] Nos termos da alínea *q)* do n.º 1 do artigo 64.º da Lei n.º 169/99, de 18 de Setembro (alterada pela Lei n.º 5-A/2002, de 11 de Janeiro), é à câmara municipal que compete a aprovação da adjudicação.

[110] Trata-se de um vício de falta de legitimação: não obstante estar em causa o exercício do poder pelo órgão competente, verifica-se uma situação de impossibilidade do exercício da competência – assim, ROGÉRIO SOARES, *Direito Administrativo,* Coimbra, polic., 1978, pp. 249 e s..

Reflexões sobre as Infracções Detectadas e Sugestões... 107

uma intervenção qualificada[111]. Ora, parece-nos que esta preocupação se estende, de igual modo, à situação em análise: embora não abrangida pelo teor literal da norma, existe uma analogia entre o âmbito de relevância material da norma e o âmbito de relevância material do caso, *i. e.*, embora a relevância material do caso seja mais ampla que a da norma, possui um sentido intencional análogo[112].

Também aqui se sente a necessidade de impossibilitar quem, no decurso do procedimento, já formou uma posição sólida sobre o problema de participar na tomada da decisão final. O escopo da norma ficará plenamente satisfeito se o membro da câmara municipal incluído no júri ou na comissão fizer ao presidente da câmara a comunicação prevista no n.º 1 do artigo 45.º do *CPA*, a fim de este decidir o incidente. Em termos práticos, a declaração do impedimento implicará que o autarca deverá abster-se de discutir e votar (em sessão de câmara) a deliberação de adjudicação[113].

2.2.3. *Audiência prévia*

A audiência dos interessados perante um projecto de decisão constitui uma decorrência necessária do direito de participação (previsto no n.º 1 do artigo 267.º da Constituição) e, nessa medida, concebível como um direito de natureza análoga aos direitos, liberdades e garantias. Impõe-se, por isso, salientar a importância do seu cumprimento efectivo pela Administração (*in casu*, pelas autarquias locais) no decurso do procedimento

---

[111] Neste sentido, MÁRIO ESTEVES DE OLIVEIRA/PEDRO GONÇALVES/PACHECO DE AMORIM, *Código*, cit., p. 248.

[112] Como logo se compreende, estamos, neste momento, a fazer apelo às situações que CASTANHEIRA NEVES (*Metodologia Jurídica – Problemas Fundamentais*, Coimbra, Boletim da Faculdade de Direito/Coimbra Editora, 1993, pp. 177 e s.) qualifica como de assimilação por adaptação extensiva.

[113] Note-se que também foi relatada a integração do presidente da Assembleia Municipal na comissão de abertura das propostas, como sendo uma solução susceptível de afectar as funções de fiscalização que o órgão deliberativo tem sobre a câmara municipal. Como não se trata, nesta hipótese e em qualquer momento, do exercício de uma competência decisória, e dado que será o exercício desta (e não a subscrição do relatório da comissão) o objecto de eventual impugnação, entendemos que o alargamento das situações de impedimento à mesma se revelará excessivo.

pré-contratual, reagindo contra as infracções que se verificam neste domínio. Com efeito, a não realização de audiência dos interessados no decurso do procedimento tendente à prática do acto de adjudicação implica, nos termos gerais, a anulabilidade deste último (cf. artigo 135.º do *CPA*[114]).

Se, nos termos gerais, a audiência pode revestir a forma escrita ou oral (dependendo de decisão do órgão instrutor nesse sentido – artigo 100.º, n.º 2, do *CPA*), no âmbito dos procedimentos regulados pelos Decretos-Leis n.ᵒˢ 59/99 e 197/99, a mesma reveste forma escrita (cf. artigos 41.º, n.º 1, do Decreto-Lei n.º 197/99, e 101.º, n.º 1, do Decreto-Lei n.º 59/99). Consoante o procedimento, os concorrentes gozam de um período de três (artigo 159.º, n.º 2, do Decreto-Lei n.º 197/99), cinco (artigos 41.º, n.º 2, e 108.º, n.º 2, do Decreto-Lei n.º 197/99) ou dez dias (artigo 101.º, n.º 2, do Decreto-Lei n.º 59/99) para se pronunciarem sobre o projecto de decisão[115].

O regime jurídico do direito de audiência prévia encontra-se conformado pela teleologia inerente. A previsão deste direito obedece, no essencial, a duas ordens de razões que se implicam reciprocamente: por um

---

[114] A falta de audiência dos interessados só não gerará a invalidade do acto final do procedimento que ocorreu quando seja admissível a respectiva dispensa (cf., em geral, artigo 103.º, n.º 2, do *CPA*, e, no âmbito do Decreto-Lei n.º 197/99, artigos 108.º, n.º 4, e 159.º, n.º 4) ou quando a sua não realização decorra da lei – atente-se no que sucede com as situações contempladas pelo n.º 1 do artigo 103.º do *CPA* e, especificamente no âmbito do procedimento pré-contratual, nas hipóteses subjacentes ao n.º 1 do artigo 41.º do Decreto-Lei n.º 197/99, nos termos do qual certas decisões de exclusão de concorrentes ou de propostas não pressupõem a realização de audiência dos interessados. Esta excepção prende-se essencialmente com os motivos (mais ou menos líquidos) determinantes do acto. Por outro lado, e porque estão em causa excepções ao princípio geral de participação dos interessados nos procedimentos da adopção de actos que lhes digam respeito (assimilando- -se a uma restrição desse direito), devem ser interpretadas em termos restritivos, visando apenas as situações enunciadas nas normas.

[115] Nos relatórios analisados, colocou-se, em algumas situações, o problema de saber se estes prazos poderiam ser encurtados. Tendo em conta a remissão efectuada pelo n.º 3 do artigo 101.º do Decreto-Lei n.º 59/99 para o artigo 103.º do *CPA* (relativa às hipóteses em que não há lugar à audiência dos interessados), pode admitir-se que, dentro do circunstancialismo aí previsto (*maxime* nos casos de urgência), se realize a audiência dos interessados (em lugar de a suprimir), mas com um encurtamento dos prazos. Fazer apelo a uma interpretação deste tipo (a norma que permite o mais, permite o menos) não significa que a Administração não deva fundamentar a sua opção, justificando no caso concreto a escolha de um prazo diferente do legalmente previsto.

lado, destina-se a permitir que o destinatário e os demais interessados conheçam o conteúdo provável da decisão antes de a mesma ser proferida, a fim de, a título preventivo, se poderem pronunciar sobre ela; por outro lado, visa reduzir a conflitualidade, ao proporcionar, *ex ante*, não só que a Administração possa atender aos argumentos do particular – e, caso assim entenda, alterar a sua decisão (o sentido ou o conteúdo) –, como também que os interessados sejam persuadidos da legalidade e mérito da decisão, evitando um recurso aos meios impugnatórios *a posteriori*. Daí que se recomende aos órgãos da Administração uma consideração séria dos argumentos aduzidos pelos interessados em sede de audiência, de forma a permitir que este trâmite cumpra cabalmente as funções mencionadas.

Ora, aquelas *rationes* conhecem refracções, desde logo, quanto à localização da audiência dos interessados na marcha do procedimento administrativo e quanto ao conteúdo da notificação para efeitos de audiência. Como resulta do que avançámos, e para que se alcance o cumprimento daquelas duas funções, azado para a realização da audiência será o momento subsequente à elaboração de um projecto de decisão de adjudicação e, por isso, anterior à adopção do acto administrativo de adjudicação (cf., *v. g.*, artigo 101.º, n.º 1, do Decreto-Lei n.º 197/99 ou, em termos mais genéricos, artigo 100.º, n.º 1, do *CPA*). Por outro lado, e agora no que tange ao conteúdo da notificação, deverá entender-se que a mesma abrange o *projecto de decisão final*, o que inclui quer o sentido provável da decisão, quer a respectiva fundamentação – ou, para utilizarmos a formulação ainda mais ampla do *CPA*, "todos os elementos necessários para que os interessados fiquem a conhecer todos os aspectos relevantes para a decisão, nas matérias de facto e de direito, indicando também as horas e o local onde o processo poderá ser consultado" (artigo 101.º, n.º 2).

2.2.4. *Conteúdo do acto de adjudicação; em especial, a fundamentação*

O artigo 123.º do *CPA* contém uma norma sobre o conteúdo do acto administrativo, norma essa que, mercê do seu carácter geral, se aplica também ao acto de adjudicação. Sem pretendermos reflectir, neste ponto, sobre todas as referências que devem constar do acto, debruçar-nos-emos sobre a matéria relativamente à qual se têm reconhecido maiores infracções: referimo-nos à fundamentação da adjudicação.

110 Contratação Pública Autárquica

Em geral, a fundamentação de actos administrativos deverá consubstanciar-se numa "externação das *razões de facto e de direito que estão na base da decisão*"[116], abrangendo a motivação e a justificação do acto[117], assumindo, em simultâneo, as características da clareza, congruência e suficiência[118]. Independentemente da sua compreensão como direito fundamental autónomo dos administrados ou mesmo como direito de natureza análoga aos direitos, liberdades e garantias[119], a imposição constitucional da fundamentação expressa e acessível de actos administrativos que afectem direitos ou interesses legalmente protegidos (artigo 268.º, n.º 4) constitui uma decorrência do princípio da abertura da Administração, um verdadeiro *dever* a cargo dos órgãos administrativos, encontrando a sua sede legal nos artigos 124.º e seguintes do *CPA*.

No que tange à adjudicação, tal significa que da fundamentação do acto tem que resultar, desde logo, qual a apreciação efectuada quanto à verificação em concreto dos critérios de adjudicação e respectivos factores de ponderação. Assim, não responde a esta exigência uma fundamentação que remeta simplesmente para os critérios de adjudicação mencionados nos documentos conformadores do concurso; aliás, constitui esta uma situação subsumível no âmbito do n.º 2 do artigo 125.º do *CPA*, nos termos do qual "equivale à falta de fundamentação a adopção de fundamentos que, por obscuridade, contradição ou *insuficiência*, não esclareçam concretamente a motivação do acto" (itálico nosso). Uma fundamentação constitucionalmente adequada da adjudicação pressupõe uma consideração individualizada de cada um dos critérios e respectivos factores e subfactores[120], por referência a cada um dos concorrentes; a

---

[116] VIEIRA DE ANDRADE, *O Dever da Fundamentação Expressa de Actos Administrativos*, Separata do vol. XXXVII do Suplemento ao *Boletim da Faculdade de Direito*, Coimbra, 1992, p. 227.

[117] Cf. também neste sentido ROGÉRIO SOARES, *Direito Administrativo*, cit., p. 306.

[118] VIEIRA DE ANDRADE, *O Dever*, cit., pp. 232 e ss..

[119] Sobre as hesitações da jurisprudência do Tribunal Constitucional nesta matéria, cf. ANA RAQUEL MONIZ, "O Direito de Impugnação Judicial de Actos Administrativos na Constituição de 1976 e na Jurisprudência do Tribunal Constitucional", in *Jurisprudência Constitucional*, n.º 6, Abril/Junho 2005, pp. 73 e ss..

[120] Necessariamente critérios, factores e subfactores cuja consideração em sede de adjudicação tivesse sido publicitada nos termos supra-referidos [cf. 3.1., a)]. Esta observação – cuja evidência se revela indiscutível – procura responder a algumas actuações das autarquias locais que fundamentam a sua decisão de adjudicação em critérios, factores e subfactores não previstos nos documentos do concurso. Mais que um problema de fundamentação, poderá estar aqui comprometido o próprio conteúdo do acto de adjudicação.

Reflexões sobre as Infracções Detectadas e Sugestões...

essa consideração individualizada há-de seguir-se necessariamente uma análise comparativa das várias propostas, salientando, face a esses critérios, os elementos positivos e negativos de cada uma delas. Nos casos em que assim se entenda, é possível que, em vez de estes fundamentos constarem do próprio acto de adjudicação, este, nos termos do n.º 1 do artigo 125.º do *CPA*, remeta para o relatório da comissão de análise das propostas (com o conteúdo previsto no n.º 2 do artigo 100.º do Decreto-Lei n.º 59/99; cf. também artigo 107.º do Decreto-Lei n.º 197/99), hipótese em que este fará parte integrante do acto.

Note-se, porém, que este momento de fundamentação não carece de ser referido à eleição dos critérios ou dos sub-critérios daquele concurso, uma vez que a perspectivação da sua adequação do ponto de vista do interesse público a prosseguir deve ter sido já objecto de ponderação e deliberação aquando da decisão de contratar. Basta, assim, que da pontuação individualizada de cada factor ou sub-factor, fundada na concreta análise da proposta apresentada e na sua comparação com o caderno de encargos e com o programa de concurso, e da comparação da valoração feita das várias propostas, resulte com clareza qual a proposta economicamente mais vantajosa[121].

2.2.5. *Eficácia da adjudicação*

Neste ponto, impõe-se averiguar se a produção de efeitos do acto de adjudicação se encontra dependente da prática de actos integrativos de eficácia, *i. e.*, "actos que, não podendo acrescentar nada à validade do acto principal, vão, todavia, conferir-lhe a força que os liberte do letargo"[122]. Assumem aqui relevância dois nódulos problemáticos a cuja análise procederemos: a notificação e a prestação de caução.

a) Notificação

A notificação corresponde ao "acto comunicativo dirigido à esfera da perceptibilidade de uma pessoa pelo qual (um serviço ou um funcionário

---

[121] Neste sentido, cf. os Acórdãos do Supremo Tribunal Administrativo, de 8 de Janeiro de 2003 (processo n.º 1925/02) e de 22 de Janeiro de 2004 (processo n.º 41321).

[122] ROGÉRIO SOARES, *Direito Administrativo*, cit., p. 171.

dependente de) um órgão administrativo transmite uma representação (autêntica) de um acto administrativo ou o próprio acto na sua forma original"[123]. Tal como resulta do n.º 1 do artigo 132.º do *CPA* e da regra do carácter não receptício dos actos administrativos, a notificação não se concebe como condição de eficácia da adjudicação (não consubstanciando, em rigor, um acto integrativo de eficácia), mas apenas como condição de oponibilidade de efeitos jurídicos desfavoráveis, em perfeita consonância com a função informativa inerente à notificação[124]. Tal afirmação não prejudica (antes confirma) a possibilidade de conceber a notificação como direito fundamental dos administrados, constitucionalmente consagrado no n.º 3 do artigo 268.º[125].

Se o acto de adjudicação tem de ser notificado quer ao concorrente preferido, quer aos demais concorrentes (cf. artigo 110.º, n.ºs 2 e 3, do Decreto-Lei n.º 59/99), a verdade é que não prossegue a mesma função em ambas as situações. No primeiro caso, a notificação visa dar a conhecer ao concorrente não apenas o sentido da decisão, mas também fixar-lhe o prazo em que este deve prestar caução[126]. Na segunda hipótese, está em causa apenas a comunicação da decisão, a fim de que os concorrentes preteridos conheçam os respectivos sentido, conteúdo e fundamentação (designadamente, para efeitos de posterior impugnação[127]), e daí

---

[123] PEDRO GONÇALVES, "Notificação dos Actos Administrativos", *Ab Uno Ad Omnes*, Coimbra, Coimbra Editora, 1995, p. 1093.

[124] Sobre as funções da notificação, cf. PEDRO GONÇALVES, "Notificação", cit., pp. 1109 e ss..

[125] Neste sentido, Acórdão do Tribunal Constitucional n.º 145/2001, de 28 de Março, *Diário da República*, II, n.º 107, de 09.05.2001, p. 7954; *v.* também ANA RAQUEL MONIZ, "O Direito de Impugnação", cit., p. 80.

[126] Além desta exigência, também a notificação de adjudicação constitui, em certos casos, o acto destinado a solicitar ao adjudicatário a entrega de documentos comprovativos de que se encontra numa situação regularizada relativamente a dívidas por impostos ao Estado, à respectiva Região Autónoma ou autarquia local (no caso de uma destas ser a entidade adjudicante) e relativamente a dívidas por contribuições para a segurança social em Portugal ou no Estado de que seja nacional ou onde se encontre estabelecido – cf. artigo 39.º, n.º 2, do Decreto-Lei n.º 197/99.

[127] Assim se compreende as exigências legais quanto aos documentos que acompanham a notificação, impondo a remessa do relatório justificativo da adjudicação, no qual se inscrevem os fundamentos da preterição das candidaturas, as características e vantagens relativas da proposta seleccionada e a identificação do adjudicatário (cf. artigo 110.º, n.º 3, do Decreto-Lei n.º 59/99).

que, em termos de prazo para a sua realização, o Decreto-Lei n.º 59/99 venha a prescrever que a mesma tem lugar no prazo de quinze dias a contar da prestação da caução pelo adjudicatário.

b) Prestação de caução

Sem cuidarmos agora dos diversos problemas relativos à prestação de caução (versados na fase da celebração do contrato – cf., *infra*, 4.1.), urge averiguar qual o papel que assume no quadro da produção de efeitos jurídicos do acto. Com efeito, a legislação não só não se revela inequívoca quanto a este aspecto, como demonstra uma *total imprecisão terminológica*: da epígrafe do artigo 111.º do Decreto-Lei n.º 59/99 aparenta resultar que a prestação de caução constitui uma condição de eficácia da adjudicação, embora o texto do mesmo pareça apontar no sentido de que se trata de uma causa de caducidade – sendo certo que os conceitos de *ineficácia* (que corresponde à não produção de efeitos jurídicos) e *caducidade* (enquanto fenómeno extintivo) não coincidem; por outro lado, a epígrafe do artigo 56.º do Decreto-Lei n.º 197/99 [onde se inclui, *inter alia*, a situação em análise – cf. n.º 1, alínea *b*)] refere-se a *anulação* da adjudicação, enquanto o seu texto considera a adjudicação *sem efeito* quando o adjudicatário não preste caução.

Que se não trata de questão de validade (determinante de uma anulação administrativa da adjudicação) parece evidente: a validade de um acto diz respeito aos seus momentos intrínsecos, aos elementos constitutivos da pronúncia, pelo que, salvo nas situações de invalidade superveniente (quando existe uma alteração do parâmetro de validade), é contemporânea da fase constitutiva do procedimento[128].

Por outro lado, também se não pode afirmar estar em causa um acto integrativo de eficácia, o que implicaria que apenas a sua produção desencadearia os efeitos típicos do acto. A tratar-se de uma questão de eficácia, apenas poderia estar em causa uma condição resolutiva, nos termos da qual a não prestação de caução determinaria o fim da produção de efeitos jurídicos da adjudicação. Com efeito, assimilar a prestação de caução a uma condição suspensiva (de acordo com a qual adjudicação só produziria efeitos se e a partir do momento em que fosse prestada caução)

---

[128] Sobre a validade do acto administrativo, *v.*, por todos, VIEIRA DE ANDRADE, «Validade», in *Dicionário Jurídico da Administração Pública*, Coimbra, s. n., 1996, pp. 583 e ss..

significaria deixar o procedimento administrativo (e o interesse público) nas mãos do adjudicatário, visto que, enquanto o adjudicatário não prestasse caução, a adjudicação não produziria quaisquer efeitos jurídicos.

Todavia, mais do que um problema de eficácia do acto de adjudicação, está em causa o funcionamento de um instituto relacionado com a própria existência do direito de adjudicatário de celebrar o contrato com a Administração. Parece-nos, pois, que, se o adjudicatário não prestar caução dentro do prazo legal, extingue-se o seu direito a celebrar o contrato com a entidade pública adjudicante – o que implica consequências determinantes ao nível do regime jurídico, cuja análise, por não estar conexionada com a eficácia da adjudicação, remetemos para a fase seguinte [cf., *infra*, 3.1., *d*)].

3. Celebração do contrato

Pronunciar-nos-emos, nesta fase, sobre algumas questões que, ou se inscrevem no momento procedimental mais próximo da celebração do contrato, como sucede com a prestação da caução (**3.1.**); ou são relevantes no desenho do mesmo, trate-se do exercício da liberdade de estipulação negocial e dos limites que ela enfrenta no plano concursal (**3.2.**), trate-se do cumprimento das exigências de forma (**3.3.**).

3.1. *Caução*

a) Funções da caução

A caução assume-se como uma garantia do exacto e pontual cumprimento das obrigações assumidas pelo adjudicatário por via do contrato que celebra (artigo 112.º, n.º 1, do Decreto-Lei n.º 59/99, e artigo 69.º, n.º 1 do Decreto-Lei n.º 197/99)[129] e como forma de garantia de terceiros

---

[129] Debruçando-nos mais detidamente sobre a natureza da caução, tendemos para a sua caracterização como uma figura que fica a meio termo entre uma sanção pecuniária compulsória, que visa compelir o empreiteiro a realizar as obras devidas e funciona, simultaneamente, como uma garantia do seu cumprimento (embora falte à caução a característica da infungibilidade da prestação que é típica naquelas sanções), e uma cláusula penal de

que hajam reclamado no âmbito do inquérito administrativo (artigo 230.º do Decreto-Lei n.º 59/99). A ausência de prestação de caução pode implicar uma mais difícil realização dos interesses públicos conducentes à celebração de tais contratos e, bem assim, uma demissão das responsabilidades que impendem sobre o município, pelo que a não "exigência" da caução ou a sua determinação em termos que não asseguram cabalmente a totalidade das obrigações assumidas pode fazer incorrer alguns dos titulares subjectivos dos seus órgãos ou funcionários e agentes em responsabilidade financeira reintegratória, nos termos do artigo 60.º da Lei de Organização e Processo do Tribunal de Contas (Lei n.º 98/97, de 26 de Agosto, alterada pela Lei n.º 87-B/98, de 31 de Dezembro, e pela Lei n.º 1/2001, de 4 de Janeiro)[130].

A prestação da caução representa um marco importante também do ponto de vista do adjudicatário, na medida em que é a partir dessa data que se começa a contar o prazo da outorga do contrato (30 dias). Decorrido esse prazo ou o prazo de 132 dias sobre a data da apresentação da proposta, consoante o que se esgote primeiro, o adjudicatário pode recusar-se a outorgar o contrato e, neste caso, terá direito a ser reembolsado da caução e dos encargos decorrentes da sua prestação (artigo 115.º, n.º 5, do Decreto-Lei n.º 59/99).

O adjudicatário pode recusar-se a outorgar o contrato e, neste caso, terá direito a ser reembolsado da caução e dos encargos decorrentes da sua prestação.

---

natureza compulsória (uma vez que pode haver lugar a execução específica das prestações em falta, ainda que a caução seja imposta por lei e não estabelecida por acordo entre as partes). Sobre estas figuras, cf. ANTÓNIO PINTO MONTEIRO, *Cláusula Penal e Indemnização,* Coimbra, Almedina, 1999, reimp., pp. 109-137 e 601-618.

[130] Tratar-se-á, efectivamente, de uma situação de reposição por não arrecadação de receitas, com violação das normas legais aplicáveis, podendo, nestas hipóteses, o Tribunal de Contas condenar o responsável na reposição das importâncias não arrecadadas em prejuízo do Estado ou de entidades públicas. Entendemos que esta norma deve ser igualmente aplicada nas situações cobertas pelo Decreto-Lei n.º 197/99, ainda que, nos termos do n.º 1 do artigo 69.º, a exigência da caução corresponda a uma faculdade da Administração (o que se pode compreender, por exemplo, em prestações de serviços que se esgotam num único acto).

b) Montante e liberação da caução

O montante da caução corresponde, nas empreitadas em regra a 5% do preço total do respectivo contrato[131] ou a 5% do valor total do fornecimento, com exclusão do IVA (artigo 113.º, n.º 1, do Decreto-Lei n.º 59/99, e artigo 69.º, n.º 1, do Decreto-Lei n.º 197/99).

Este montante fixado inicialmente não é, porém, inalterável, visto que, fundando-se a caução na prossecução do interesse público co-envolvido na efectiva execução das obrigações contratuais, acompanha as vicissitudes da relação jurídica estabelecida. O reforço do montante da caução nas empreitadas poderá, assim, ocorrer nas hipóteses em que sejam celebrados contratos adicionais, designadamente no que à realização de trabalhos a mais diz respeito, e, tanto nas empreitadas como nos fornecimentos de bens e serviços, nas situações em que haja lugar a adiantamentos do pagamento por parte do dono da obra ou entidade adjudicante [artigo 214.º, n.º5, do Decreto-Lei n.º 59/99, e artigo 72.º, n.º 1, alínea b), do Decreto-Lei n.º 197/99].

Note-se ainda que, durante a execução da empreitada, a caução deve ser objecto de reforço, prescrevendo o Decreto-Lei n.º 59/99, que, em quaisquer pagamentos efectuados pelo dono da obra, se deva efectuar um desconto em princípio de 5%, salvo se outra percentagem decorrer do caderno de encargos, para garantia do contrato, em reforço da caução prestada (artigo 211.º).

No que tange à liberação da caução, ela mostra-se devida, no âmbito do Decreto-Lei n.º 197/99, no prazo de trinta dias contados do cumprimento de todas as obrigações pelo adjudicatário, conferindo a demora na liberação da mesma o direito de este exigir à entidade adjudicante juros sobre a importância da caução, calculados nos termos do artigo 71.º.

Na hipótese das empreitadas, a liberação da caução é apenas feita após a recepção definitiva da obra, pois só nesse momento deixa de fazer sentido a extinção da caução prestada (artigo 229.º). A recepção definitiva da obra ocorre após o decurso do prazo de garantia, que é, em regra,

---

[131] Nas empreitadas pode este valor ser elevado até 30% do preço total do contrato, desde que objecto de cabal fundamentação e mediante autorização da autoridade tutelar, se existente (artigo 113.º, n.º 2), substituída, em algumas obras de reduzido valor, pela retenção de 10% dos pagamentos a efectuar (artigo 112.º, n.º 3) ou dispensada, nas situações em que o dono da obra haja subscrito seguro adequado da execução da obra (artigo 113.º, n.º 4).

de 5 anos, podendo, contudo, o caderno de encargos estabelecer prazo inferior, devendo este ser devidamente fundamentado. Deste modo, é de rejeitar que a caução apenas se limite ao prazo de execução fixado no contrato, devendo abranger o prazo desta *acrescido do prazo de garantia aplicável*, o que se justifica, uma vez que o cumprimento do correcto (mas já não do atempado) cumprimento das obrigações que impendem sobre o empreiteiro pode só ser controlado em momento posterior ao da sua execução.

c) Formas de prestação da caução

Os artigos 114.º do Decreto-Lei n.º 59/99 e 70.º do Decreto-Lei n.º 197/99 estabelecem uma panóplia ampla de formas possíveis de prestação da caução. A escolha de uma dessas formas encontra-se na disponibilidade do adjudicatário, até porque a maioria delas implica a contratualização com entidades terceiras. Na ausência de acordo, à câmara municipal resta impor o depósito da quantia fixada em dinheiro, montante este que ficará afecto ao cumprimento dos objectivos visados pela caução, não podendo imiscuir-se na margem de autonomia contratual privada do particular.

Assim, para além de depósito em dinheiro ou títulos numa instituição de crédito à ordem, em regra, do dono da obra e afecta a uma finalidade específica, forma que poderemos caracterizar de "normal" de prestação da caução, a mesma pode sê-lo através da subscrição de um seguro-caução ou de uma garantia bancária autónoma (à primeira solicitação).

Das condições da garantia bancária ou do seguro-caução não pode resultar uma diminuição das garantias da entidade adjudicante, mesmo que não haja sido pago o respectivo prémio, o que introduz algumas limitações à possibilidade de denúncia por parte do garante ou do segurador, tendo em consideração o interesse público que revestem tais formas de prestação da caução[132].

---

[132] Assim, como referia já o Acórdão do Supremo Tribunal Administrativo, de 22 de Maio de 1970 (processo n.º 7624), o caucionante fica associado ao cumprimento da empreitada, dentro do que se tenha estipulado, nos limites autorizados por lei.

d) Consequências da não prestação de caução

Tendo-nos já referido à ausência de prestação de caução como causa de caducidade do acto administrativo de adjudicação [cf., *supra*, 3.5., *b*)], cumpre agora definir o respectivo regime jurídico[133]. De facto, vêm-se deparando algumas dificuldades no enquadramento das caducidades previstas nestes e em outros regimes jurídico-administrativos especiais, porquanto, sendo este um instituto que desponta do ordenamento jurídico civilístico, a sua "importação" para o direito administrativo não se revela isenta de dúvidas.

Os problemas avultam, desde logo, porque, em especial no direito administrativo, a mesma assume contornos muito heterogéneos, falando-se de uma *caducidade preclusiva* distinta de uma *caducidade-sanção*. No que à primeira diz respeito, ela ocorre sempre que a fixação do prazo durante o qual determinados direitos ou faculdades podem ser exercidos é determinada por interesses públicos de *certeza* e *segurança* ou *estabilidade jurídicas* (direitos temporais ou a termo), não sendo a inactividade do particular vista como ilícita, mas apenas como determinante do desencadeamento da aplicação da consequência prevista pelo ordenamento jurídico e que em princípio não lhe é favorável. Nestes casos, a caducidade visa reprimir uma negligência objectiva na utilização de certas vantagens.

Já a *caducidade sanção* ou *caducidade por incumprimento* assume um recorte diferente, uma vez que, nestes casos, a caducidade aparece associada a um comportamento do titular do direito que a lei permite configurar como um dever, cujo não cumprimento determina a sua extinção. Trata-se, assim, de situações de perda de direitos por incumprimento de deveres ou de ónus no contexto de uma relação duradoura entre a Administração e um particular.

No âmbito dos contratos públicos, retira-se, quer do disposto no artigo 111.º do Decreto-Lei n.º 59/99, quer do estipulado no artigo 56.º do Decreto-Lei n.º 197/99, que o tipo de caducidade que melhor se adequa é a *caducidade por incumprimento*. De facto, não se ligam a tais situa-

---

[133] Neste ponto acompanhamos de perto MARIA FERNANDA MAÇÃS, "A caducidade no direito administrativo: breves considerações", *Estudos em Homenagem ao Conselheiro José Manuel Cardoso da Costa,* vol. II, Coimbra, Coimbra Editora, 2005, pp. 121 e ss.. *V.* também MARIA FERNANDA MAÇÃS, "A caducidade por incumprimento e a natureza dos prazos na atribuição da utilidade turística", *Cadernos de Justiça Administrativa,* n.º 48, (2004), pp. 3 e ss., esp.[te] pp. 5 a 14.

ções interesses de segurança jurídica que impliquem que o direito tenha de ser exercido num determinado prazo, sob pena de não poder mais ser exercido, pois tal poderia comportar nefastas consequências ligadas a uma maior morosidade procedimental e à violação do interesse em contratar. Pode, assim, afirmar-se que a finalidade da caducidade reside em incentivar ao cumprimento das obrigações assumidas por parte de quem já foi considerado o "melhor" co-contratante da Administração, evitando, assim, o eventual recurso subsidiário ao adjudicatário classificado em segundo lugar (artigo 56.º, n.º 2, do Decreto-Lei n.º 179/99) ou, mesmo, o início de um novo procedimento.

Questiona-se, igualmente, no plano das situações de caducidade, se a mesma opera automaticamente, isto é, *ope legis,* ou se necessita de uma declaração fundamentada tomada no âmbito de um procedimento. Ora, tem-se vindo a afirmar, no âmbito administrativo, sobretudo no que à caducidade por incumprimento diz respeito, a necessidade de tal declaração, operando, assim, a mesma *ex voluntate.*

É relevante, para este efeito, notar que a Administração dispõe, em regra, de maior ou menor margem de liberdade de apreciação e valoração quanto à verificação ou não de algumas causas de caducidade, designadamente a aferição da existência ou inexistência de causa imputável ao particular, pelo que tal declaração se torna necessária não apenas para verificar o decurso do prazo, mas igualmente quanto à apreciação da conduta deste. Eis o que sucede, *v. g.,* no âmbito do artigo 111.º, em que a entidade adjudicatária terá de ponderar se a não prestação de caução se deveu a facto independente da vontade do adjudicatário que seja reputado justificação bastante. Tal declaração tem, nestes domínios, *natureza constitutiva* e não meramente declarativa, tendo em consideração a *margem de discricionariedade* de que dispõe a Administração na apreciação da caducidade. De facto, a declaração tem efeitos constitutivos se as causas de caducidade necessitam de ser *comprovadas* ou *qualificadas juridicamente,* a fim de averiguar se correspondem ou não ao estabelecido na lei, como acontece quando a Administração é chamada a valorar as causas do incumprimento, com vista a formular um juízo prévio quanto à sua repercussão na manutenção da relação jurídica em causa.

No que se refere à obrigatoriedade ou facultatividade de tal declaração de caducidade, entende a doutrina que a regra reside no carácter obrigatório dessa declaração, sobretudo quando a mesma assente em

120 Contratação Pública Autárquica

causas objectivas[134]. Impõe-se, pois, uma última reflexão quanto à possibilidade (ou não) de a Administração conceder ao adjudicatário uma prorrogação do prazo de prestação da caução e, por conseguinte, não emitir a declaração de caducidade, pese a verificação dos pressupostos legalmente previstos. Ora, tendo em conta a latitude do poder discricionário conferido pela lei no que se refere à apreciação da causa de caducidade nos casos em análise, inclinamo-nos no sentido de admitir tal possibilidade, mesmo na ausência de uma autorização legal expressa[135]. Trata-se de conferir à Administração a possibilidade de, em obediência ao princípio da prossecução do interesse público (cf., *supra*, Capítulo III, 1.3.), ponderar se, no caso concreto, se revela mais conveniente declarar a caducidade (com a consequente adjudicação ao candidato classificado em segundo lugar, tal como decorre do já citado n.º 2 do artigo 56.º do Decreto-Lei n.º 197/99) ou conferir ao adjudicatário um prazo ainda razoável (do ponto de vista do lapso temporal entre a adjudicação e a celebração do contrato e da urgência na execução do mesmo) para prestar a caução.

3.2. *Coerência entre o procedimento pré-contratual e o conteúdo do contrato: as limitações à liberdade de conformação do conteúdo do contrato*

Como vimos, a adjudicação é o acto que exprime a declaração de vontade da Administração, formada no sentido da escolha de uma contraparte e respectiva proposta, para efeitos de posterior vinculação negocial. No entanto, apesar de ser tradicionalmente vista como o *acto príncipe* deste procedimento, não o esgota, tendo-se mesmo vindo a

---

[134] Cf., *v. g.*, Maria Fernanda Maçãs, "A caducidade por incumprimento", cit., p. 13. Repare-se que não estamos a reflectir sobre o problema de, cumpridos os pressupostos de que a lei faz depender a caducidade, saber se se exige (ou não) um acto da Administração que o verifique – entronca aqui o problema da natureza da declaração de caducidade como acto administrativo declarativo ou acto meramente declarativo (que não cumpre aqui versar). Aliás, esta questão só revestirá autonomia nas hipóteses em que a operatividade da caducidade *não* pressupõe qualquer valoração administrativa, já que, quando assim é, não persistirão dúvidas quanto à necessidade da emissão de um acto administrativo que qualifique aquela situação como de caducidade.

[135] No mesmo sentido, embora referindo-se à figura da reabilitação, Maria Fernanda Maçãs, "A caducidade no direito administrativo", cit., p. 171.

evidenciar os passos subsequentes da sua concretização, designadamente a celebração do contrato, de modo a garantir o respeito da intenção e das regras que estiveram na sua base.

Reiterando as considerações efectuadas quando aludimos ao princípio da autonomia contratual pública (cf., *supra*, Capítulo III, 1.2.) e suas refracções no âmbito da conformação do conteúdo do contrato (designadamente no que tange ao alcance do n.º 1 do artigo 179.º do *CPA*), impõe-se uma reflexão quanto ao modo como os documentos conformadores do procedimento pré-contratual, assim como o acto de adjudicação, exercem influência na delineação das cláusulas contratuais. De facto, o contrato, ainda que não seja um mero exercício devido, já que o seu conteúdo não inclui necessariamente apenas cláusulas legais e regulamentares[136], não pode pretender erigir-se num acordo de vontades que desrespeite o procedimento contratual que o antecedeu.

Considerando que o caderno de encargos constitui, segundo uma posição que se pode considerar maioritária, um verdadeiro regulamento administrativo que estabelece as especificações técnicas e jurídicas a cujo cumprimento se autovincula a Administração, passando tal regulação a integrar o bloco de juridicidade a que aquela deve respeito[137], e que os critérios inscritos no programa de concurso (determinantes da decisão de contratar e fundamentadores da decisão) modelaram por dentro todo o procedimento contratual, uma eventual alteração ou exclusão do que neles se dispõe terá de se encarar com particular cautela.

Entendemos, pois, que existem determinados elementos que não podem ser preteridos (pense-se no alargamento do tempo de execução de uma empreitada, sem alteração da situação de facto ou normativa pré-existente, nas hipóteses em que a escolha do procedimento haja sido determinada por motivos de urgência) – o que conduz à consideração de que apenas as alterações acessórias na economia do contrato podem

---

[136] Assim, estabelece o artigo 117.º do Decreto-Lei n.º 59/99 que se consideram integrados no contrato, em tudo quanto não for por ele expressa ou implicitamente contrariado, o projecto, o caderno de encargos e os demais elementos patentes no concurso e todas as peças que se refiram no título contratual. De facto, há elementos não regulados nestes documentos ou em que a regulação é indicativa ou necessita de adaptações, sendo o momento idóneo o da elaboração da minuta, e demais trâmites a ela relativos, e da celebração do contrato.

[137] Cf., *supra*, Capítulo III, nota 45.

122   *Contratação Pública Autárquica*

justificar a sua manutenção (cf. artigo 14.º, n.º 3, do Decreto-Lei n.º 197/99). De igual modo, os ajustamentos à proposta escolhida devem ser efectuados inequivocamente em benefício da entidade adjudicante (cf. preceito citado), o que se reflecte numa exigência de respeito dos princípios da igualdade e do não favorecimento do adjudicatário relativamente aos demais concorrentes[138].

3.3. *Forma do contrato*

No âmbito dos contratos públicos, a regra é que devem ser reduzidos a escrito, como decorre do princípio geral previsto no *CPA* para o universo dos contratos administrativos (artigo 184.º), não se exigindo especial forma para a sua celebração (cf. o disposto no artigo 119.º, n.º 1 do Decreto-Lei n.º 59/99, e, *a contrario,* o disposto no artigo 59.º do Decreto-Lei n.º 197/99).

No entanto, é isto que sucede, porém, quanto aos contratos de empreitada de obras públicas em que seja outorgante o Estado, outra entidade pública ou o serviço dotado de autonomia administrativa e financeira (n.º 2 do artigo 119.º), que devem constar de documento autêntico oficial, sendo ainda, em princípio, registados em livro adequado do serviço ou ministério. O âmbito subjectivo de aplicação desta norma permite concluir que esta específica exigência de forma deve, assim, ser cumprida pelos municípios, aquando da celebração de contratos de empreitada. A esta mesma exigência estão sujeitos, por imperativo legal e em virtude da teoria do acessório, todos os contratos adicionais ao contrato de empreitada em que o município figure como dono da obra, designadamente os relativos a trabalhos a mais (artigo 26.º, n.º 7, articulado com o disposto no artigo 119.º, n.º 5, do Decreto-Lei n.º 59/99).

---

[138] Note-se que a estes a lei confere legitimidade, na qualidade de participantes no procedimento que precedeu a celebração do contrato, para requerer a invalidade, total ou parcial, dos contratos, quando aleguem que o clausulado não corresponde aos termos da adjudicação. Partes legítimas serão ainda todos os que aleguem que o clausulado não corresponde aos termos inicialmente previstos e que justificadamente os tinham levado a não participar no procedimento pré-contratual, preenchendo embora os requisitos para o efeito [alíneas *e)* e *f)* do n.º 1 do artigo 40.º do *CPTA*]. Sobre esta ampliação da legitimidade nas "acções sobre contratos", cf. PEDRO GONÇALVES, *O Contrato*, cit., pp. 155 e ss..

Escritura pública, auto redigido por notário privativo do município ou mesmo acta, todos eles se assumem como documentos autênticos oficiais, na medida em que correspondem ao exercício de um poder certificativo desempenhado por entidades públicas ou por entidades munidas de poderes públicos (cf. artigo 363.º, n.º 2, do Código Civil). Poderia pensar-se que o recurso a qualquer um destes documentos autênticos resultaria de uma escolha feita em moldes alternativos, da competência da entidade adjudicante. No entanto, na medida em que as despesas e encargos inerentes à celebração do contrato são da conta do empreiteiro, nos termos do artigo 119.º, n.º 4 do Decreto-Lei n.º 59/99, recai sobre aquela a demonstração, em concreto, da necessidade de recurso a uma forma mais solene – a escritura pública –, em detrimento, por exemplo, da mera redacção e subscrição de uma acta. De facto, existindo a possibilidade de o dono da obra, num procedimento concreto, impor tal forma solene ao adjudicatário, deverá a sua obrigatoriedade constar do disposto no programa do concurso ou no caderno de encargos ou, então, resultar cabalmente fundamentada em face do interesse público que o contrato prossegue, na medida em que com ela se imputa um encargo financeiro suplementar ao empreiteiro[139].

Quanto às concessões, os requisitos de forma são mais exigentes e precisos, já que tais contratos devem constar sempre de escritura pública (cf., para as concessões de serviços e de obras públicas, o artigo 14.º do Decreto-Lei n.º 390/82, bem como, para as últimas e para as concessões de urbanização, o artigo 251.º do Decreto-Lei n.º 59/99).

A ausência de cumprimento da forma legalmente estabelecida gera, na medida em que nos estamos a referir a um contrato com objecto passível de contrato de direito privado, a nulidade do mesmo, nos termos do disposto no alínea a) do n.º 3 do artigo 185.º, que remete para a aplicação do artigo 294.º do Código Civil[140]. Esta solução não pode deixar de ser considerada excessiva, pelo menos se cotejada com a regra geral

---

[139] Em sentido parcialmente coincidente cfr. JORGE ANDRADE DA SILVA, *Regime Jurídico das Empreitadas de Obras Públicas*, 6.ª ed., Coimbra, Almedina, 2000, p. 333.

[140] A estas situações de ausência de forma são equiparadas as hipóteses em que o contrato não inscreve as menções e cláusulas essenciais previstas no artigo 118.º do Decreto-Lei n.º 59/99, que comina expressamente a nulidade (excluindo as hipóteses em que as mesmas constem do caderno de encargos e aquelas em que, por interpretação dos elementos que instruíram o concurso, se considerem integradas no âmbito do contrato).

da invalidade dos contratos feridos de vício de forma que tenham objecto passível de acto administrativo: a anulabilidade. Ora, precisamente nos contratos em que a nota da administratividade é mais acentuada, já que, muito provavelmente, estarão em causa contratos substitutivos da prática de actos administrativos, a sanção para o incumprimento de uma obrigação de forma é mais leve que a aplicável a contratos administrativo com objecto passível de contrato de direito privado, em que a disponibilidade de efeitos relativamente à legislação administrativa é mais acentuada. Reforçamos, deste modo, o repto lançado para a criação de uma dogmática própria da invalidade do contrato administrativo, que permita que deixe de se tratar esta questão, como se faz no *CPA*, de forma espartilhada e nem sempre consequente.

Nem sempre, porém, se revela necessária a celebração do contrato por escrito. O n.º 6 do artigo 119.º do Decreto-Lei n.º 59/99 prevê situações de não exigência de forma, quando se trate de despesas provenientes de revisão de preços, enquanto, por seu turno, o artigo 56.º do Decreto-Lei n.º 197/99 estabelece amplas hipóteses em que o requisito da forma escrita não é exigido.

No âmbito deste último diploma, as situações de não exigência de forma escrita, aliadas às hipóteses (excepcionais) de dispensa da celebração de contrato escrito previstas no seu artigo 60.º, desvirtuam a função de estabilização e certeza jurídica que com aquela se atingiriam. Este é um dos motivos determinantes, a nosso ver, para que se multipliquem, nos relatórios da IGAT analisados, múltiplas situações irregulares de aquisição de bens por via da mera requisição, emissão da factura, ordem de pagamento e recibo. Se, em princípio, nada se tem a apontar quanto a este procedimento – na medida em que, nas hipóteses em que a lei dispense todas as formalidades da celebração do contrato, este pode ser provado por documentos particulares, como resulta do disposto no artigo 119.º, n.º 1, do Decreto-Lei n.º 59/99, ao qual recorremos por analogia –, a verdade é que a não exigência de forma escrita pode servir de instrumento ao fraccionamento de despesa pelo desdobramento de fornecimentos em parcelas que não excedam o valor estabelecido na alínca *a)* do n.º 1 do artigo 59.º do Decreto-Lei n.º 197/99, ou, excedendo-o, respeitem o disposto no n.º 2 do mesmo artigo. Urge, deste modo, repensar as regras que

Reflexões sobre as Infracções Detectadas e Sugestões...

regem os requisitos de forma nestes contratos, sem que, contudo, nos pronunciemos pela necessidade de qualquer forma pública especial[141].

4. Execução do contrato

Por último, torna-se necessário tomar em consideração momentos ulteriores à celebração do contrato, os quais exercem influência na sua vida e manutenção. Dos elementos retirados dos relatórios da IGAT, podemos concluir que a execução do contrato se revela um dos momentos paradigmáticos do *deficit* de cumprimento das disposições legais, sobretudo as respeitantes às empreitadas de obras públicas[142]. Acompanhando a jusante os problemas que se suscitam a propósito da decisão de contratar, o momento da execução dos instrumentos contratuais revela-se portador, mais do que de dúvidas sobre a aplicação dos diplomas legais, da sua inobservância.

Como principal indício deste incumprimento legal, encontramos a inexactidão ou inexistência de autos de medição [ou mesmo a sua elaboração pelo empreiteiro, em flagrante desconformidade com o disposto na alínea *h)* do artigo 180.º do Decreto-Lei n.º 59/99] e a ausência de aplicação ao contraente particular das sanções previstas no contrato, em especial das multas contratuais, do que se retira uma desoneração do

---

[141] Outra situação de duvidosa legalidade relatada prende-se com a celebração de um protocolo ou acordo meramente verbal entre a Câmara e um particular pelo qual este cederia um terreno para implantação de uma ETAR. Neste caso, estaremos, muito provavelmente, perante uma fuga ao regime procedimental e formal apertado das expropriações por utilidade pública, pelo que as dúvidas aventadas parecem fundadas. A classificação de tais contratos como actuações administrativas informais, enquanto compromissos desprovidos, em princípio de efeitos vinculativos, parece-nos de rejeitar, na medida em que são eles que fundam a cedência de terrenos efectuada ou a efectuar em benefício da Administração. Igualmente, do ponto de vista do particular, podem tais acordos resultar na desprotecção da esfera jurídica do particular, pelo que advogamos a sua consideração como contratos administrativos *tout court,* sujeitos, deste modo, às regras de forma vigentes para estes. Neste sentido, no plano urbanístico, FERNANDA PAULA OLIVEIRA/DULCE LOPES, "O papel dos privados", cit., p. 74; e, em geral, PEDRO GONÇALVES, *O Contrato,* cit., pp. 50 e ss..

[142] Em face da natureza do nosso estudo, apenas nos referiremos às insuficiências e violações de normas jurídicas ocorridas em sede de execução contratual e não de normas e especificações de cariz essencialmente técnico, ainda que estas possam fundar o recurso a institutos normativos, como o da revisão de preços ou a imposição de multas contratuais.

exercício das funções de fiscalização por parte das entidades públicas ou de uma actuação unilateral subsequente que dela retire os devidos efeitos.

Particularmente graves, por minarem todo o desenrolar da execução contratual em conformidade com o modelo para ela gizado por lei, nos parece a falta de apresentação dos planos definitivos dos trabalhos, com os quais se deveria conformar a execução da obra e os pagamentos a ela relativos; a ausência de livro de obra, que visa a documentação de todos os elementos relevantes atinentes à execução da mesma; e a falta de designação de representante do dono da obra para exercer a função de fiscalização.

Algo diferenciados destas falhas, erros e omissões se nos afiguram algumas infracções relativas à realização de trabalhos a mais (**4.1.**) e à revisão de preços (**4.2.**), sobre as quais nos pronunciaremos de seguida mais detidamente.

4.1. *Trabalhos a mais*

Os trabalhos a mais admitidos pelo Decreto-Lei n.º 59/99 (artigo 26.º) referem-se a trabalhos que:
- em qualidade ou quantidade não foram previstos no contrato de empreitada (ou peças que nele se consideram integradas);
- se refiram à mesma empreitada (não podendo, assim, desvirtuar o objecto da mesma, ainda que possam dar lugar à modificação unilateral do seu conteúdo, nem corresponder a "obra nova")[143];
- se tenham tornado necessários na sequência de uma circunstância imprevista (isto é, de um risco que não tenha sido equacionado no momento da celebração do contrato[144]);

---

[143] Por outras palavras, trabalhos que, "sob os pontos de vista lógico, técnico e funcional, deveriam dela fazer parte desde o início, o que só não sucedeu por circunstâncias imprevistas mas ligadas ao processo de elaboração do projecto ou mesmo à melhor forma de conceber a realização do interesse público subjacente à obra" (JORGE ANDRADE DA SILVA, *Regime*, cit., p. 86.

[144] Apela-se, neste âmbito, para a teoria da imprevisão, que considera caso imprevisto o "facto estranho à vontade dos contraentes que, determinando a modificação das circunstâncias económicas gerais, torna a execução do contrato muito mais onerosa para uma das partes do que caberia no risco normalmente considerado" (MARCELLO CAETANO, *Manual*, cit., p. 625). No entanto, parece-nos que neste conceito de imprevisão talvez

Reflexões sobre as Infracções Detectadas e Sugestões... 127

– e/ou esses trabalhos não possam ser técnica ou economicamente separados do contrato, sem inconveniente grave para o dono da obra, ou, sendo separáveis da execução do contrato, sejam estritamente necessários ao seu acabamento.

Esta aplicação cumulativa de requisitos denuncia a intenção de concretização, por parte do legislador, dos contornos de um instituto que, segundo a percepção geral, mais do que servir uma repartição equitativa dos encargos decorrentes da realização de tais trabalhos[145], tem não só onerado excessivamente, em termos financeiros, o dono da obra, mas também permitido a "fuga" a diversos procedimentos de formação dos contratos[146].

Deste modo, em face das infracções detectadas nos relatórios da IGAT, cumpre esclarecer que os trabalhos a mais se podem fundar tanto na introdução de alterações ou variantes ao projecto, como em erros na execução e na concepção do mesmo que redundem na imposição de trabalhos suplementares ao empreiteiro. Todos estes, para além de caberem na definição de trabalhos a mais efectuada pelo Decreto-Lei n.º 59/99[147], devem, assim, ser determinados nos termos do disposto no artigo 27.º (ainda que os erros de execução ou concepção devam aferir-se de acordo com o disposto nas alíneas 36.º e 37.º do mesmo diploma, sendo custeados nos termos do disposto no artigo 38.º) e formalizados como *contrato adicional ao contrato de empreitada.*

---

sejam de inserir as situações em que a modificação das condições de execução do contrato se dão por exercício da vontade unilateral e autoritária do contraente administrativo, isto é, do exercício do seu poder de modificação unilateral do contrato.

[145] Cf., no sentido da reposição do equilíbrio prestacional do contrato, o artigo 27.º; da desvinculação negocial de iniciativa do empreiteiro em face da excessiva onerosidade do contrato, os artigos 31.º e seguintes; e da desvinculação deste em face da inexigibilidade das prestações impostas, o artigo 26.º, n.º 3, todos do Decreto-Lei n.º 59/99.

[146] Neste sentido, emitido já no âmbito do Decreto-Lei n.º 235/86, Parecer n.º 40/87, da Procuradoria-Geral da República, *Diário da República,* II Série, n.º 219, de 23 de Setembro de 1987.

[147] Note-se que os trabalhos a mais, na formulação do Decreto-Lei n.º 59/99 (lógica essa corroborada, sobretudo, pela jurisprudência do Tribunal de Contas), correspondem a trabalhos que se desenvolvem na lógica da obra inicial, como um complemento ou aperfeiçoamento desta, ainda que não tenham sido previstos. Atente-se ainda que o conceito de trabalhos a mais não exige que os trabalhos assumam uma natureza imprevisível, mas que *não tenham sido devidamente equacionados no âmbito do contrato,* daí que o mesmo cubra esta ampla panóplia de hipóteses de "imprevisão".

Note-se, ainda, que a limitação à realização de trabalhos a mais consta agora, não da norma a eles relativa (como sucedia anteriormente no âmbito do Decreto-Lei n.º 405/93, que estabelecia, no seu artigo 26.º, o limite de 50% do valor total da adjudicação), mas da norma sobre controlo de custos das obras públicas, prevista no artigo 45.º do Decreto-Lei n.º 59/99. Entendemos que esta norma, ao referir que o valor máximo dos trabalhos a mais *acumulados,* que é agora de 25% do valor do contrato de empreitada, se refere ao cômputo global dos trabalhos a mais e a menos, e não ao valor isolado dos primeiros. De facto, sendo esta essencialmente uma norma sobre controlo da despesa pública (embora tendo como efeito a imposição de recurso aos procedimentos contratuais "inicialmente" aplicáveis), não faria sentido impor a sua aplicação quando os trabalhos a mais se revelassem superiores a 25%, mas os trabalhos a menos fossem idênticos ou superiores, caso em que não se daria qualquer oneração suplementar do erário público, senão mesmo um seu desagravamento[148].

Ainda neste sentido, também as normas relativas ao exercício do direito de rescisão por parte do empreiteiro fazem remissão para este método de compensação entre trabalhos a mais e a menos, agora para aferir da redução razoável de trabalhos passível de lhe ser imposta (artigo 31.º, n.º 1).

4.2. *Revisão de preços*

O instituto da revisão de preços (*stricto sensu*) visa responder às situações, não de alteração anormal e imprevisível das circunstâncias da qual resulte um grave aumento dos encargos na execução da obra (cf., para esta hipótese, o artigo 198.º do Decreto-Lei n.º 59/99), mas às hipóteses em que se verifica um aumento *normal* dos custos de produção (mão de obra, equipamentos e materiais a incorporar na obra), em virtude da existência de uma conjuntura económica marcada pela inflação[149] – a implicar uma actualização dos preços, por referência aos valores de um conjunto de indicadores económicos[150]. Daí que, *v. g.,* a alínea *j)* do n.º 1

---

[148] Cf. Jorge Andrade da Silva, *Regime,* cit., p. 108 e ss. e 126 e ss..

[149] Neste sentido, cf. Freitas do Amaral, *Curso,* cit., pp. 639 e ss..

[150] Cf., para os índices de mão de obra, materiais e equipamentos de apoio, Aviso n.º 11 970/2005, in *Diário da República,* II Série, n.º 248, de 28 de Dezembro de 2005.

Reflexões sobre as Infracções Detectadas e Sugestões...   129

do artigo 118.º do Decreto-Lei n.º 59/99 venha prever como cláusula contratual obrigatória, sob pena de nulidade do contrato (cf. n.º 2), a cláusula de revisão de preços [cf. também, no âmbito do Decreto-Lei n.º 197/99, o artigo 61.º, alínea *g),* e o artigo 1.º, n.º 2, do Decreto-Lei n.º 6/2004, de 6 de Janeiro, que estabelece o regime de revisão de preços das empreitadas de obras públicas e de obras particulares e de aquisição de bens e serviços][151].

Se, no que à revisão de preços diz respeito, a maioria das infracções detectadas nos relatórios da IGAT resultam apenas de uma deficiente aplicação da lei (designadamente em termos de prazos), ou de questões de elevada tecnicidade, que excedem o âmbito de apreciação do presente Relatório, existe um aspecto que merece uma consideração particular. Trata-se de averiguar se a revisão de preços, ainda que não possa ser excluída, tem que responder necessariamente a uma restauração exacta e completa do equilíbrio financeiro inicial do contrato; por outras palavras, trata-se de saber se é possível isentar da revisão de preços uma certa percentagem da obra e, na parte restante, prever que o co-contratante assuma o risco do aumento de preços até certo limite[152]. Entendemos, muito sumariamente, sufragar qualquer posição que partilhe de uma ideia de repartição do risco da subida de preços: não admitir a possibilidade enunciada equivaleria a excluir o risco da esfera do empreiteiro e a colocá-lo integralmente nas mãos da Administração, o que, para além de não ser objecto de qualquer imposição legislativa, contraria a própria motivação subjacente ao recurso à contratação pública.

---

[151] Como logo se compreende, associado à cláusula de revisão de preços está o método de revisão de preços, que entendemos dever ficar expressamente consignado no contrato. Sobre os métodos de revisão de preços, e respectiva operatividade, cf. artigos 5.º e seguintes do Decreto-Lei n.º 6/2004.

[152] Reflectindo também sobre este problema, cf. FREITAS DO AMARAL, *Curso*, cit., pp. 643 e s., que seguimos de perto.

CAPÍTULO VI

Considerações Finais

1. As regras jurídicas vigentes nos domínios da contratação pública encontram-se tanto em Portugal como na Comunidade Europeia num processo de mutação que se afigura vir a ser mais ou menos inovador. No âmbito da União Europeia, tenha-se em atenção as Directivas 2004/17/CE e 2004/18/CE, ambas do PE e do Conselho e ambas de 31 de Março de 2004 – a primeira relativa à coordenação dos processos de adjudicação nos sectores da água, da energia, dos transportes e dos serviços postais e a segunda relativa à coordenação dos processos de adjudicação dos contratos de empreitada de obras públicas, dos contratos públicos de fornecimento e dos contratos públicos de serviços. Pelo que toca ao direito nacional, o Governo anunciou recentemente, pela comunicação social, estar em elaboração um *Código dos Contratos Públicos*, que englobará o direito da contratação hoje repartido pelos dois campos de aplicação do Decreto-lei n.º 59/99 (regime das empreitadas e concessões de obras públicas) e do Decreto-Lei n.º 197/99 (regime da realização de despesas públicas com locação e aquisição de bens e serviços, bem como da contratação relativa à locação e aquisição de bens móveis e de serviços).

Tratar-se-á, aqui, decerto, de uniformizar os princípios e regras comuns a todos os contratos públicos[153] e de organizar de forma sintética e sistematizada os regimes especiais de cada um dos seus tipos, tornando

---

[153] O artigo 1.º, n.º 2, alínea *a)*, define-os como "contratos a título oneroso, celebrados por escrito entre um ou mais operadores cconómicos e uma ou mais entidades adjudicantes, que têm por objecto a execução de obras, o fornecimento de produtos ou a prestação de serviços". No *género* o mesmo artigo inclui as suas *espécies* ou *tipos*: os contratos de empreitada de obras públicas [alínea *b)*], os contratos públicos de fornecimento [alínea *c)*] e os contratos públicos de serviços [alínea *d)*], e, ainda, a concessão de obras públicas (n.º 3) e a concessão de serviços (n.º4).

mais fácil o acesso ao conhecimento do direito aplicável em tal domínio e aumentando, assim, a certeza e a segurança que hoje se reclamam para esta área legislativa altamente complexa e de forte influência transnacional.

Num contexto destes, quaisquer considerações a fazer na conclusão do estudo dos relatórios da IGAT – que nos coube elaborar, nos termos do Protocolo concluído entre a Universidade de Coimbra e a IGAT – não poderão deixar de ser muito genéricas e de alertar apenas para a urgência de uma pedagogia que possa abalar atitudes enraizadas na prática administrativa local, as quais as leis, por si e na sua permanente sucessão, pouco ou nada alteraram nas últimas décadas.

2. Para isso contribuem os défices de formação profissional e de competência técnica de que sofrem, na generalidade dos sectores e patamares da Administração Local, os seus servidores. Em particular, em todo o território, a média dos dirigentes municipais, sem prejuízo de excepções de excelência, revela pouco ou fraco rigor na interpretação e na aplicação do direito da contratação pública que as leis vigentes arquivam. E a mesma atitude se verificará, decerto, amanhã perante uma qualquer nova legislação que pretenda mudar tal estado de coisas. Por vezes, colhe-se a sensação de que o direito em geral e o direito da contratação em especial se assemelham, na mentalidade burocrática dominante, a um conjunto de *fórmulas rituais,* mais ou menos, *sacramentais* ou *mágicas*, cujo efeito nada tem a ver com a *racionalidade normativa* dos comportamentos e actos jurídicos de que a autoridade administrativa é autora ou co-autora no espaço municipal.

Só uma nova cultura autárquica, associada a uma boa formação técnica na área do direito e das ciências administrativas, poderá ajudar decisores e agentes municipais a descobrir os valores jurídicos permanentes inscritos nas leis que todos os dias interpretam e aplicam e a tomar consciência, por outro lado, da necessidade de um esforço cultural contínuo pela eficiência da democracia local e pelo prestígio ético e social de todos os que, ao serviço dela, participam nas instituições municipais. Por aí é que os focos de *má administração* serão eficazmente atacados e ganhará efectiva consistência o *"direito a uma boa administração"* – um direito que o *"Projecto de Tratado que estabelece uma constituição para a Europa"* inclui no conteúdo normativo da cidadania europeia (Artigo II-101.º), para obrigar, na intenção dos seus autores, tanto os titulares da administração europeia como os titulares das administrações

Considerações Finais 133

nacionais e autárquicas dos Estados Membros. O seu núcleo essencial reconduz-se, como diz o texto do *Projecto*, à pretensão que deve ser reconhecida a todas as pessoas a serem tratadas por todas as instituições, órgãos e organismos de natureza administrativa de "forma *imparcial, equitativa e em prazo razoável*".

A observância da disciplina jurídica na contratação pública das autarquias locais, além de servir a boa administração, também opera como factor determinante da "*eficácia e unidade da Administração Pública*" que a Constituição da República (artigo 267.º) enuncia como limite da descentralização e desconcentração administrativas.

3. As sugestões para essa urgente pedagogia em matéria da contratação pública municipal, que podem retirar-se do estudo dos relatórios da IGAT, relativos a inspecções levadas a efeito em elevado número de municípios, resumem-se nos "quinze pontos" que se seguem.

1.º – Os relatórios da IGAT recolhem e analisam um grande número de infracções, mais ou menos graves, aos princípios e regras respeitantes à *decisão de contratar* e, concretamente, à escolha do tipo de procedimento a adoptar.

Para contrariar, contínua e insistentemente, estes abusos e desvios é necessário encontrar meios de chamar a atenção das entidades adjudicantes (câmaras municipais e presidentes de câmara) para a vantagem de, no ciclo de tomada desta decisão, já se acharem na documentação bem delineadas e definidas – "*com a maior precisão possível*" – as características do objecto do contrato a celebrar.

Do que se trata, ao fim e ao cabo, é de generalizar a toda a contratação pública autárquica a regra de boa administração, já legalmente imposta à entidade adjudicante (dono da obra ou concedente) nas empreitadas e concessões de obras públicas (artigo 10.º do DL n.º 59/99). A simples desatenção a esta regra ou princípio racional, cuja importância as teorias da decisão administrativa ("análise sistémica") salientam continuamente, parece explicar, por si só, muitos dos erros e abusos detectados na prática contratual dos municípios.

2.º – A escolha do tipo de procedimento contratual cabe no poder discricionário da entidade adjudicante. Mas a decisão em concreto tem de obedecer aos princípios gerais de direito relevantes no domínio da contratação pública, nomeadamente os enunciados no artigo 266.º, n.º 2, da *CRP*, nos artigos 3.º a 12.º do *CPA* e nos artigos 7.º a 15.º do DL n.º 197/99. Pelo menos, não os pode violar *frontal* e *manifestamente*.

Isto quer dizer que recai sobre a entidade adjudicante o dever de explicitar na decisão de contratar as razões de facto e de direito que fundamentam a escolha daquele tipo de procedimento, e não de outro. É este seguramente um elemento do dever de boa administração: sem a tomada de consciência *just in time* das razões justificativas da escolha, o decisor corre sérios perigos de violar os limites da discricionariedade administrativa, decidindo contra direito, sem objectividade jurídica. Na acção preventiva e pedagógica das inspecções da IGAT, poderá incluir-se, decerto, a sensibilização das entidades adjudicantes para a observância deste específico dever de objectividade e boa administração.

No estudo dos relatórios fornecidos pela IGAT comprovou-se uma anomalia frequente e, porventura, mais grave do que essa, por ser abertamente violadora do direito estrito aplicável. É a falta em absoluto, na documentação do procedimento, de registo de uma qualquer decisão de contratar e da escolha do procedimento (*v. g.*, a câmara municipal não tomou qualquer deliberação, que conste do livro de actas, nem de contratar nem de escolher o procedimento). Detectada esta anomalia, o relatório da inspecção não pode deixar de a registar – como faz – e de chamar a atenção do presidente da câmara, por ser o titular do poder e dever de oportunamente incluir na ordem de trabalhos os assuntos que relevam da competência deliberativa do órgão colegial a que preside.

3.º – Está por definir um estatuto legal suficientemente desenvolvido para o enquadramento das parcerias público-privadas de âmbito autárquico, ao contrário do que já acontece nas parcerias da administração central (veja-se, nomeadamente, o DL n.º 86/2003, de 26/04).

Ali, por exemplo, os modos através dos quais a entidade pública autárquica pode escolher os seus sócios nas parcerias público-privadas *institucionais* não se acham delimitados nem estruturados pela lei. Pense-se na criação de uma empresa de capitais mistos com vista à exploração de um serviço público municipal. Apesar da delicadeza e importância deste aspecto do regime jurídico das parcerias público-privadas autárquicas, tal escolha não está legalmente *procedimentalizada*.

Considerações Finais 135

Daqui não se segue, porém, que a escolha dos sócios dos municípios nas parcerias institucionais possa ser arbitrária e desprovida de suficiente fundamentação económica e jurídica. Contra uma tal possibilidade estaria, desde logo, a necessidade de garantir a observância do princípio constitucional da prossecução do interesse público, o qual constitui, digamos, a *regra de vida* da Administração Pública do Estado de Direito Democrático. Deste princípio e, mais uma vez, de elementares regras de prudência administrativa, decorre a exigência jurídica de os sócios da entidade pública administrativa, reunidos na parceria institucional público-privada, serem seleccionados, até onde for possível nas circunstâncias do caso, mediante procedimentos *abertos*, *públicos* e *transparentes*.

Caberá à IGAT lembrar o uso de procedimentos adequados a esta escolha e, se for caso disso, levar ao conhecimento do seu Ministro de Tutela a necessidade ou conveniência de uma alteração legislativa em tal sentido.

4.º – Os municípios possuem indubitavelmente a *capacidade de concessionar* (artigos 178.º e 179.º do *CPA*). Mas devem ter presentes os riscos inerentes ao uso desta capacidade ou poder. Com efeito, o contrato de concessão, porque transfere duradouramente para um particular o exercício de funções e poderes públicos municipais, repercute-se de imediato no modo de gestão do município. Só por isso poderá afectar a imagem moral das instituições municipais e o prestígio político e social dos titulares dos seus órgãos electivos perante a comunidade dos vizinhos. Perguntar-se-ão estes: para que serve eleger os dirigentes máximos da autarquia se não são eles, a final, quem desempenha as tarefas operativas e assume as responsabilidades pelo financiamento das infra-estruturas públicas e da prestação de serviços públicos que normalmente lhes caberiam?

A verdade é que a decisão de concessionar reclama dos municípios a ponderação de múltiplas e complexas variáveis para a suficiente avaliação dos custos e benefícios esperados do contrato projectado. É, pois, uma decisão que deve ser meticulosamente programada, para a salvaguarda do interesse público. Importa, desde logo, que a PPP envolva uma transferência efectiva de riscos, uma partilha real de responsabilidades e a capacidade do parceiro público para intervir praticamente na vida do contrato.

136   *Contratação Pública Autárquica*

É claramente tarefa do legislador definir o quadro das exigências a que devem obedecer as decisões autárquicas de concessionar. Entretanto, a omissão legislativa não deveria dar ocasião a decisões impensadas, não estudadas e mais ou menos automáticas, como as que hoje proliferam na vida municipal. Também aqui a IGAT tem uma missão pedagógica a cumprir.

5.º – As reflexões sugeridas pela análise dos relatórios da IGAT, dedicadas ao procedimento de adjudicação (Capítulo V, 2.1.1.), pela sua importância e significado prático, justificam mais algumas referências neste comentário final, ainda que breves.

A primeira delas diz respeito ao modo de entender a diferenciação das funções atribuídas pela lei (artigo 60.º do DL n.º 59/97) às duas comissões criadas para supervisionar o procedimento do concurso: a primeira está incumbida da supervisão do procedimento até, inclusive, à fase da qualificação dos concorrentes – "comissão de abertura do concurso"; a segunda para supervisionar a análise das propostas e elaboração do relatório e a adjudicação – "comissão de análise das propostas". O DL n.º 197/99, como também é sabido, criou para tarefas idênticas um único órgão colegial – o "júri do concurso" (artigo 90.º e seguintes). Os membros das duas comissões e do júri do concurso são designados, respectivamente, pelo dono da obra ou concedente e pela entidade competente para autorizar a despesa. Isto é, num caso e noutro, os titulares destes órgãos são indicados pela entidade competente para *decidir* a adjudicação.

Por razões porventura associadas à regulação comunitária dos contratos públicos e por uma certa visão burocratizada do direito da contratação pública foi-se instalando na mentalidade jurídica dominante a ideia de que a distribuição de tarefas entre aquelas duas comissões obedecia a uma separação rígida, estanque, sem porosidade e a marcha do procedimento à *lógica da preclusão*. Por exemplo: na fase da análise das propostas a comissão competente em caso algum poderia entrar em linha de conta com a reapreciação dos factores indicados pela lei para a avaliação da *capacidade* dos concorrentes. *O que fora "julgado" julgado estava!*

Em acórdão do STA de 1999, inspirado em tal doutrina, o DL n.º 405/93 foi censurado por ter transposto incorrectamente a Directiva n.º 93/37/CEE, ao não formular uma clara distinção entre a fase da verificação da aptidão dos candidatos e a fase da avaliação das propostas, permitindo que, nesta, fossem valorados requisitos subjectivos próprios da primeira.

A doutrina em referência parece não tomar na devida conta o *princípio da decisão*, característico dos procedimentos administrativos, segundo o qual o decisor está obrigado a proceder no ciclo decisório ao *exame completo* das circunstâncias de facto e de direito com relevância no caso. Neste mesmo sentido depõe também o *princípio da optimização* nas decisões administrativas, isto é, a ideia de que o decisor, salvo lei clara em contrário, tem de procurar, tentativa e iterativamente, aquela decisão que realize, do melhor modo possível, o conjunto dos valores e interesses legítimos em jogo na situação. Nem pode ficar esquecido, ainda, que é a autoridade adjudicante *quem decide* a adjudicação – no caso da empreitada, o *dono da obra* – e não qualquer das duas referidas comissões. A comissão de análise apenas *prepara* a elaboração da decisão propriamente dita, através da elaboração e apresentação de um relatório que, sendo obrigatório, carece de efeito vinculativo. Até porque podem surgir *in casu* razões que justifiquem uma decisão diferente da que se antevia. Isso é que justifica o poder conferido pela lei ao dono da obra de, após a audiência prévia, proceder a *diligências complementares* (como expressamente o admite o artigo 101.º, n.º 3, do Decreto-Lei n.º 59/99) e, naturalmente, se for caso disso, mudar o sentido da decisão proposto no relatório.

6.º – A doutrina sugerida no ponto anterior como a mais consentânea com as linhas de força do direito administrativo, segundo a ideia de Estado de Direito Democrático, aflora no Acórdão do STA de 2002 (*supra* nota 89).

Reconheceu aí o Supremo Tribunal que no momento da abertura das propostas é possível reagir contra o acto de admissão dos concorrentes com que encerra a fase da qualificação dos concorrentes (artigo 92.º do DL n.º 59/99). A comissão de análise das propostas podia assim, no caso *sub judice*, deliberar a exclusão de um concorrente admitido, pois que só então se teve conhecimento no procedimento da existência de causas que determinavam a exclusão dele. É o que pode acontecer, exemplarmente, no momento da decisão de adjudicação quando, à luz dos elementos escolhidos pelo dono da obra (artigo 56.º), se torne imperativo, por razões de justiça ou de salvaguarda de superior interesse público, reconsiderar o juízo feito sobre a *capacidade técnica* dos concorrentes.

7.º – O mesmo Capítulo V (2.1.2. *supra*) põe em destaque a conveniência de se diferenciar, nas ilegalidades ocorridas nos procedimentos de contratação autárquica, entre as que se repercutem *negativamente* na validade do acto de adjudicação e, consequencialmente, na do contrato que eventualmente se lhe siga – *ilegalidades invalidantes* (na linguagem clássica: *"vícios"*) – e as ilegalidades que são insusceptíveis de afectar a validade do acto final – *ilegalidades não invalidantes* (ou, na mesma linguagem: *"irregularidades"*).

A verdade é que a sanção da invalidade, ainda que na sua forma menos gravosa (*anulabilidade*), afecta, pondo em sério risco, a estabilidade e subsistência do acto jurídico. Pelo menos, enquanto não caducar o direito de impugnação, administrativa ou jurisdicional, do acto anulável, os interessados, com legitimidade para tanto, podem pôr em marcha outro procedimento para a eliminação dele do mundo do direito. Por isso, a ideia de Estado de Direito *material* postula a existência de proporcionalidade entre a ilegalidade ocorrida e a sanção de anulabilidade, aceitando tal sanção apenas quando a ilegalidade ultrapassar um certo limiar de gravidade. Abaixo desse limiar, as ilegalidades não hão-de fazer mal ao acto, bastando à satisfação dos valores do direito e dos interesses dignos de tutela jurídica outros modos de reacção menos gravosos (sanções políticas, sanções disciplinares, responsabilidade civil, impossibilidade de adquirir certas vantagens, etc.).

Note-se que a ideia estruturante deste argumento mais não é que o mesmo princípio constitucional da proporcionalidade: não é justo nem juridicamente recto prescrever ou aplicar a sanção da invalidade para o acto final em virtude de lapsos e desvios sem significado juridicamente relevante, que ocorreram no seu procedimento de formação. A operacionalização de tal ideia jurídica cabe, decerto, em primeira linha aos legisladores; mas é também uma tarefa incontornável para a doutrina, a jurisprudência e a orientação administrativas.

8.º – Acentua o mesmo Capítulo V [2.2.1., b)] um princípio de coerência interna da decisão de adjudicação, no qual se consubstancia uma importante garantia de *racionalidade jurídica* do exercício do poder discricionário da Administração. Refere-se à necessidade de um mínimo de congruência entre a opção por determinado *tipo de procedimento* e a opção por um ou outro *critério de adjudicação*.

Considerações Finais 139

As duas opções integram-se na discricionariedade atribuída pela lei à entidade adjudicante, embora com uma margem de apreciação, já *in abstracto*, significativamente apertada. Em todo o caso, é indiscutível que a escolha dos critérios de selecção dos concorrentes depende de apreciações pessoais da entidade adjudicante (cf. *v. g.*, o artigo 56.º, respeitante à avaliação da capacidade financeira, económica e técnica dos concorrentes), assim como o mesmo acontece com a escolha do critério de selecção da proposta para a adjudicação (cf., *v. g.*, o artigo 105.º, sob a epígrafe critério de adjudicação, onde a título exemplificativo apenas estão enunciados vários dos factores que o programa do concurso fixará [artigo 66.º, n.º 1, alínea *e)*]. O mesmo se diga da decisão em que a entidade adjudicante faz a escolha do tipo de procedimento a seguir no caso: respeitados os limites legalmente estabelecidos, o dono da obra pode optar pelo procedimento que se ajustar do melhor modo às circunstância do caso (artigo 48.º). Pode, por exemplo, na medida do estritamente necessário, escolher o procedimento do ajuste directo por motivos de urgência imperiosa [artigo 136.º, n.º 1, alínea *c)*].

Ora, se a entidade adjudicante opta pelo concurso limitado sem apresentação de candidaturas por motivos de urgência imperiosa, resultante de acontecimentos ou circunstâncias excepcionais – como lho permite a lei (*v. g.*, o artigo 84.º, agora do Decreto-Lei n.º 197/99) –, não pode deixar de incluir, nos factores integrantes do critério de adjudicação, o prazo de entrega da coisa ou de realização da prestação que é objecto do contrato. De contrário, o acto de adjudicação sofrerá de um vício susceptível de o invalidar e de invalidar o subsequente contrato. Ficará inquinado da causa de invalidade que na doutrina estrangeira, sobretudo italiana, aparece sob a designação de *ilogicidade manifesta*.

9.º – O critério de adjudicação preferido pelos dois diplomas legais que regulam *iure domestico* a contratação pública – os Decretos-Leis n.ºˢ 59/99 e 157/99 – é o da "*proposta economicamente mais vantajosa*" (artigos 55.º e 105.º, respectivamente). Nas empreitadas de obras públicas este é, mesmo, o único critério admitido pela lei, excepto em caso de o tipo de procedimento escolhido ser o concurso limitado sem publicação de anúncio, pois aqui o artigo 132.º diz que "a adjudicação poderá ser feita à proposta de mais baixo preço".

No Capítulo V [2.2.1., b) e c), *supra*] discute-se uma questão da maior relevância para a Administração Pública portuguesa. E é esta: nos factores de escolha da proposta economicamente mais favorável pode o dono da obra incluir a realização de objectivos de promoção da economia nacional, de finalidades de política industrial, social e ambiental? O texto e as notas, que o acompanham, tornam clara a extensão da controvérsia doutrinal e jurisprudencial suscitada pela resposta, sobretudo, no âmbito comunitário. O tema merece aqui duas notas.

A primeira é a de que a inclusão desses fins no critério da proposta economicamente mais favorável está em perfeita concordância com bens e valores constitucionalmente protegidos pela nossa Lei Fundamental – a Constituição da República Portuguesa. Leia-se a nossa carta dos direitos e deveres económicos e sociais, constante do Titulo III da Parte I deste diploma inaugural de 1976 e, por exemplo, a alínea *a)* do n.º 3 do seu artigo 52.º. Por outro lado, na resposta a tal pergunta, os legisladores, os administradores e os juízes são chamados a uma *operação de optimização* entre todos os valores e interesses em jogo, a qual deverá passar pela prudência, o sentido de justiça, bom senso e abertura que deles se esperam no Estado de Direito Democrático.

A segunda nota vem no seguimento da jurisprudência do Tribunal de Justiça (CE), emergente dos acórdãos supracitados, nomeadamente o Acórdão *Concordia/2002* (cfr. notas de pé de página *supra*, n.º 103 e ss.). Disseram aí os juízes do Luxemburgo que há uma relativa latitude no direito comunitário quanto à escolha dos critérios de adjudicação, desde que, volta-se a citar, os que forem escolhidos "*se relacionem com o objecto do contrato, não confiram à entidade uma liberdade de escolha incondicional, estejam expressamente mencionados no caderno de encargos ou no anúncio do concurso e respeitem todos os princípios fundamentais do direito comunitário, designadamente o princípio da não discriminação*".

Não é, pois, surpreendente que a Directiva 2004/18/CE venha agora dizer sobre os critérios de adjudicação, nomeadamente o seguinte:

"*Quando a adjudicação for feita à proposta economicamente mais vantajosa do ponto vista da entidade adjudicante, [são possíveis] diversos critérios ligados ao objecto do contrato público em questão, como sejam qualidade, preço, valor técnico, características estéticas e funcionais, características ambientais, custo de utilização, rendibilidade, assistência técnica e serviço pós-venda, data de entrega e prazo de entrega ou de execução"* [artigo 53.º, n.º 1, alínea *a)*].

10.º – A divisão de tarefas entre, por um lado, os órgãos *ad hoc* inseridos no procedimento – ou para controlar a observância dos requisitos de qualificação dos concorrentes (*v. g.*, o júri do concurso ou a comissão de abertura do concurso) ou para analisar o conteúdo das propostas e graduá-las segundo o seu mérito (*v. g.*, o júri do concurso ou a comissão de análise das propostas) – e, por outro lado, o órgão titular da competência para decidir da adjudicação (*v. g.*, a câmara municipal ou o presidente da câmara), essa divisão, dizíamos, corresponde a uma regra de organização do ciclo decisório considerada pelas ciências administrativas como necessária ou conveniente à elaboração de decisões objectivamente correctas dos pontos de vista jurídico e administrativo. É uma regra posta ao serviço, podemos dizê-lo, dos princípios constitucionais da transparência, da imparcialidade, da justiça e da boa-fé que enformam a estrutura e disciplinam a actividade da Administração Pública portuguesa (artigo 266.º da *CRP*).

A prática frequentemente detectada pela IGAT, de membros do executivo municipal participarem daquelas comissões ou do júri do concurso e tomarem, depois, assento no órgão administrativo colegial que delibera sobre a adjudicação, constitui uma violação grosseira deste conjunto de princípios basilares do Estado do Direito Democrático. Combatê-la, como faz a IGAT denunciando-a, é próprio também da sua missão pedagógica.

11.º – A falta de audiência dos concorrentes antes da decisão de adjudicação é *causa de anulabilidade* do acto de adjudicação, nos termos do artigo 103.º do *CPA*. Nas empreitadas de obras públicas a competência para proceder à audiência prévia pertence ao dono da obra ou a quem ele a delegar; na falta de delegação, a lei comete a tarefa à comissão de análise das propostas (artigo 101.º, n.º 4, do Decreto-Lei n.º 59/99). O artigo 104.º do *CPA*, aqui expressamente aplicável (artigo 101.º, n.º 3), permite, como acima se diz, que após a audiência se realizem, oficiosamente ou a pedido dos interessados, as diligências complementares julgadas convenientes. Já no âmbito do Decreto-Lei n.º 197/99 a competência para a realização da audiência prévia é reservada à autoridade competente para autorizar a despesa (artigo 108.º, n.º 1), isto é, a mesma autoridade que decide da adjudicação (artigo 109.º, n.º 1).

12.º – Nas empreitadas a lei prevê dois instrumentos de controlo da execução da obra que, como se vê dos relatórios da IGAT, são demasiadas vezes ignorados na prática municipal: o *órgão de fiscalização*, estabelecido nos artigos 178.º e seguintes, e o *livro de registo da obra*, previsto no artigo 36.º e regulado pela Portaria 428/95, de 10/06 (números referentes às empreitadas por preço global, 6.2.1.). Ambos formam o que podemos chamar o *sistema de fiscalização* da execução das empreitadas e concessões de obras públicas.

O órgão de fiscalização é composto por representantes do dono da obra, o qual deve indicar, no caso de serem vários os membros, aquele que chefia o grupo – o *fiscal da obra*. Incumbe-lhe, em geral, vigiar e verificar o exacto cumprimento do projecto e suas alterações, do contrato, do caderno de encargos e do plano de trabalhos (artigo 180.º) e é através dele que o dono da obra fornecerá ao empreiteiro os planos, desenhos e perfis, mapa da natureza e volume dos *trabalhos a mais* que ordenar, indispensáveis à sua execução e à respectivas medições. Por exemplo: é à fiscalização que cumpre verificar se os trabalhos estão a ser executados pela ordem e pelos meios estabelecidos no plano de trabalhos aprovado; e comunicar ao empreiteiro as alterações que lhe forem introduzidas pelo dono da obra e a aprovação dada por este às propostas de alteração apresentadas pelo empreiteiro.

No livro da obra, por seu lado, devem ser registadas *obrigatoriamente* todas as ordens e instruções escritas transmitidas ao empreiteiro pelo fiscal da obra, ou que tenham obtido a concordância expressa deste. Além disso, no livro será exarado ainda tudo aquilo que no caderno de encargos for declarado como sujeito a tal registo. O "registo" de todos os acontecimentos nele exarados é rubricado conjuntamente pela fiscalização e pelo empreiteiro. Uma consequência jurídica relevante deste dever ou ónus de registar é a de que os erros e vícios de execução que hajam resultado de obediência a ordens ou instruções escritas transmitidas pelo fiscal da obra, ou que tenham obtido a aprovação deste, através da inscrição no livro de obra, não são imputáveis à responsabilidade do empreiteiro (artigo 36.º, n.º 2).

O sistema de fiscalização parece vocacionado para ser um instrumento não só do efectivo controlo da execução da obra, como do combate às tentações de corrupção que, como é do senso comum, ameaçam continuamente este tipo de contratos públicos. Saúda-se, por isso, a detecção pelas inspecções da IGAT das faltas de institucionalização do

Considerações Finais 143

sistema de fiscalização imposto pela lei para a execução das empreitadas de obras públicas.

13.º – Outra omissão frequentemente detectada na execução dos contratos de obra consiste na falta de apresentação pelo empreiteiro do seu plano de trabalhos definitivo e na falta da aprovação dele por parte do dono de obra ou concedente (artigos 160.º e 73.º do Decreto-Lei n.º 59/99).

O plano de trabalhos serve, segundo a lei, de guião da execução da obra – leiam-se artigos 159.º a 161.º do Decreto-Lei n.º 59/99 –, sendo bem clara a gravidade da sua falta. Por exemplo: cabe ao fiscal da obra notificar o empreiteiro, que começa a retardar a execução em relação ao previsto de modo a pôr em risco a conclusão da obra no prazo contratual, para que lhe apresente o plano dos trabalhos que conta executar nos meses seguintes. A verdade é que, sem plano de trabalhos devidamente aprovado, não será possível ao fiscal da obra controlar devidamente o tempo da execução. A falta não é menos lesiva do interesse público lá por ser demasiado frequente entre nós...

É certo que a lei fixa sanções severas para o incumprimento do prazo: o sequestro da obra (artigo 161.º, n.º 4), a rescisão do contrato, a aplicação de sanções pecuniárias compulsórias, o pagamento das despesas originadas pelo atraso, etc. (artigos 161.º e 201.º). Mas esse quadro de sanções, ainda que severas, pouco ou nenhum efeito dissuasor terá se, como os relatórios registam, as entidades competentes para o efeito (dono da obra e concedente) não cumprirem oportunamente o seu dever legal de alertar e, se necessário, sancionar os infractores.

É importante que os legisladores e as autoridades administrativas de supervisão, controlo ou tutela descubram ou inventem caminhos que incentivem as autarquias locais a ser diligentes na observância deste ponto decisivo da legalidade da contratação pública. Por trás dos atrasos de execução podem esconder-se muitas outras ilegalidades...

14.º – Os relatórios revelam ainda muitas outras inobservâncias e violações de princípios e regras jurídicos ou de boa administração aplicáveis à contratação autárquica.

Salientamos, por fim, apenas mais uma: a frequente violação do dever *de proceder às medições necessárias,* que, por força do artigo 180.º, alínea *h)*, recai sobre o órgão de fiscalização.

144 Contratação Pública Autárquica

O ponto é relevante em qualquer dos três tipos de empreitadas de obras públicas – por preço global, por série de preços e por percentagem. A razão é simples: o pagamento do preço – elemento essencial de toda e qualquer empreitada – nos três tipos efectua-se *por medição*. Isto é, as despesas de execução da obra não se vão acumulando na mão do empreiteiro até à recepção definitiva da obra, pagando-se a ele então, de uma só vez, todo o preço acordado ou apurado através da obra ou da despesa feitas. Pelo contrário, o pagamento do preço vai sendo realizado, em fracções periódicas (por regra, mensalmente) ao longo da execução e segundo a obra executada em cada período, de modo a que, no momento da recepção definitiva da obra, pouco reste para pagar ao empreiteiro. Leiam-se o artigo 17.º (por preço global), o artigo 21.º (série de preços) e o artigo 43.º (por percentagem). Em qualquer dos casos, o preço é, pois, pago *"em função das quantidades de trabalho periodicamente efectuadas"*.

Esta maneira de realizar o pagamento do preço, aliás favorável ao empreiteiro, implica a realização de medições periódicas dos trabalhos efectuados. Isto é, implica as *medições necessárias* aos pagamentos regulares ao empreiteiro [artigo 180.º, alínea *h*)]. Daí que sejam graves as frequentes faltas de medições detectadas pela IGAT: então, o empreiteiro ou nada recebeu ou, se sim, recebeu sem o devido controlo. Em qualquer das hipóteses, está causa a transparência, a justiça, a prossecução do interesse público, o respeito pelos direitos e interesses legalmente protegidos dos cidadãos e o princípio da responsabilidade, que superiormente orientam e regem a contratação autárquica (cf., mais uma vez, o artigo 266.º da CRP e os artigos 7.º, 8.º e 15.º do Decreto-Lei n.º 197/99).

15.º – Finalmente, quanto ao instituto da *revisão de preços* (*stricto sensu*), importa acentuar que este visa responder às situações, não de alteração anormal e imprevisível das circunstâncias da qual resulte um grave aumento dos encargos na execução da obra (cf., para esta hipótese, o artigo 198.º do Decreto-Lei n.º 59/99), mas às hipóteses em que se verifica um aumento *normal* dos custos de produção (mão de obra, equipamentos e materiais a incorporar na obra), em virtude da existência de uma conjuntura económica marcada pela inflação – a implicar uma actualização dos preços, por referência aos valores de um conjunto de indicadores económicos. Daí que, *v. g.*, a *j)* do n.º 1 do artigo 118.º do Decreto-Lei n.º 59/99 venha prever como cláusula contratual obrigatória, sob pena de nulidade do contrato (cf. n.º 2), a cláusula de revisão de preços [cf. também, no âmbito do Decreto-Lei n.º 197/99, o artigo 61.º, alínea *g)*, e o artigo 1.º, n.º 2, do Decreto-Lei n.º 6/2004, de 6 de Janeiro, que estabelece o regime de revisão de preços das empreitadas de obras públicas e de obras particulares e de aquisição de bens e serviços].

Os relatórios da IGAT dão-nos conta de várias infracções no que respeita à *revisão de preços,* resultando a maioria delas de uma deficiente aplicação da lei. Deve, por isso, sublinhar-se, como o fizemos no início deste capítulo, a necessidade da melhoria da formação profissional e da competência dos quadros dos nossos municípios, com o objectivo de os preparar para uma correcta e adequada aplicação da lei no âmbito da *revisão de preços,* a qual se reveste de particular acuidade neste domínio, devido à elevada tecnicidade da matéria envolvida.

ÍNDICE

NOTA EXPLICATIVA 9

CAPÍTULO I – **Considerações gerais** 11
1. O contrato na acção das autarquias locais 11
2. Contratação autárquica 13

CAPÍTULO II – **Regulamentação dos contratos públicos e das concessões autárquicas** 23
1. Contratos públicos 23
2. Concessões autárquicas 28
3. Referência às novas directivas da contratação pública 33

CAPÍTULO III – **Princípios fundamentais da contratação pública** 43
1. Princípios gerais da contratação pública 44
2. Princípios relativos à formação dos contratos 54
3. Princípios relativos à vida (execução) dos contratos 63

CAPÍTULO IV – **Levantamento e sistematização das infracções detectadas pela IGAT** 69
A) Empreitadas de obras públicas 70
B) Aquisições de bens e serviços 82
C) Concessões 88
D) Outras figuras contratuais 88

CAPÍTULO V – **Reflexões sobre as infracções detectadas e sugestão de algumas medidas a implementar** 89
1. Procedimento da decisão de contratar 89
2. Procedimento de adjudicação 93
3. Celebração do contrato 114
4. Execução do contrato 125

CAPÍTULO VI – **Considerações finais** 131

.